Walter Scheele

Zwischen Kauf und Verkauf lauert die Sünde

Jahrhunderte der Werbung in Geschichten und Bildern

Seewald

Stuttgart-Degerloch 1979. Schutzumschlag und Einband
von Franz Wöllzenmüller. Reproduktionen: Graphische
Kunstanstalt Willy Berger, Stuttgart. Satz und Druck:
Dr. Cantz'sche Druckerei, Stuttgart-Bad Cannstatt.
Einband: Großbuchbinderei Hollmann, Darmstadt.
Printed in Germany. ISBN 3 512 00565 9

Inhalt

De omroeper
Holzgravüre von H. Brown
Niederlande 1842

Was geht uns die Geschichte an?

Die Werbung hat viele Gesichter. Sie wandelt sich mit unseren Lebensgewohnheiten, den Eß-, Trink- und Wohnsitten. Sie paßt sich den Kleider-, Reise- und Wohnmoden an. Sie füllt den Rahmen, den ihr ganz unterschiedliche Gesetze in verschiedenen Ländern vorgeben. Und gelegentlich versucht sie auch, diesen Rahmen zu sprengen. Sie folgt den Anforderungen vielgestaltiger politischer Systeme und mutiert dabei zur Propaganda. Sie dient religiösen Zielen und sehr profanen. Sie kann auf der einen Seite *für* etwas eintreten und auf der anderen Seite und zur gleichen Zeit *dagegen*. Sie reagiert seismographisch auf Veränderungen gesellschaftlicher Normen und Werte. Oder ist sie es gar, die hier nicht reagiert, sondern selbst agiert? – Wie auch immer, sie ist lebendige Gegenwart.

Das alles sehen wir, oft fasziniert, nicht selten irritiert. Aber eines wird meist *über*sehen: Diese Gegenwart hat es auch früher schon gegeben. Den vielen Gesichtern der Werbung müssen wir ein wenig beachtetes hinzufügen: ein historisches. Wir sprechen so selbstverständlich von der »modernen« Werbung. In Wahrheit ist sie uralt. Und als solche und gerade als solche ebenfalls ungemein faszinierend. Andere Menschen mit Mitteln der Kommunikation zu beeinflussen, dazu gibt es zu allen Zeiten Anlässe genug. Und wer diesen Weg einschlägt, wird immer wieder erfahren, daß die nüchterne Sachinformation oft weniger ausrichtet als eine mehr emotionale Hinstimmung. Folglich kommt es auf eine gute Kombination an. Wenn allerdings hier die Proportionen nicht mehr stimmen, dann lauert in diesem Geschäft die Sünde.

Der Titel unseres Buches ist dem Alten Testament entnommen (Sirach, Ekklesiastikus, Kapitel 27, Vers 3). Wer sich von ihm betroffen fühlt, kann doppelten Trost empfangen. Erstens heißt es im Neuen Testament: »Ich bin nicht gekommen, die Gerechten zu suchen, sondern die Sünder« (Lukas, Kapitel 5, Vers 32). Also ist auch der werbliche Sünder nicht gleich verdammt. Zweitens aber sagt der biblische Autor in unserem Titelvers ja nicht, zwischen Kauf und Verkauf stecke nun zwangsläufig und immer die Sünde. Er formuliert treffender und vorsichtiger, daß sie dort *lauere*. Und wer wollte das nun leugnen? – Man wird es noch weniger, wenn man die Anbahnung des »Verkaufs« von Ideen mit werblichen Mitteln in die Betrachtung aufnimmt.

Haben die Ablaßverkäufer des ausgehenden Mittelalters nicht emotional kräftig überzogen, wenn ein Werbespruch richtig überliefert ist: »Sobald das Geld im Kasten klingt, die Seele in den Himmel springt«? Hat jeder Rekrutenwerber für die Landsknechte immer präzise informiert, auch wenn er für einen Fürsten arbeitete? Oder jeder Heiratsvermittler zwischen Königshäusern? Oder gar jede Kupplerin? Hielt sich jeder Dichter immer streng an die Wahrheit, wenn er über seinen Mäzen schrieb? – Sicher genau so wie die Markt-

frauen, die seit Jahrhunderten ihre Fische anpreisen, oder die fahrenden Gaukler, die zum Besuch ihrer Darbietungen einladen.
Die modernen Psychologen sprechen bei einer extrem freizügigen Präsentation weiblicher Reize zu werblichen Zwecken von einem »überoptimalen Auslöser«. Dabei handelt es sich nun exakt um den gleichen Sachverhalt, den wir seit eh und je bei dem Bettler antreffen, der ein verstümmeltes Glied wirkungsvoll den prospektiven Gebern entgegenhält. Die Parallelität geht aber viel weiter. Weder Busen noch Holzbein müssen echt sein, um ihre Auslöserfunktion zu erfüllen. Aber: Wird das Leben für den Umworbenen eigentlich besser, leichter oder schöner, wenn er das durchschaut? Ist es eigentlich erstrebenswert, wenn jeder Mann beim Anblick wohlproportionierter weiblicher Formen zusammenzuckt, weil er – sachinformiert, wie er ist – an Silikonspritzen denkt? Oder soll jeder mildtätige Spender – statt sich seiner Wohltat zu freuen – von Zweifeln verzehrt, nachgrübeln, ob er vielleicht Opfer eines bettlerischen Werbetricks geworden sei?
Die werbliche Sünde hat eben auch ihre vielen Gesichter. Wir werden noch manche von ihnen kennenlernen. Dabei wird sich zeigen, daß nicht alles ohne Charme ist. Vor allem aber: Die Sünden der Werbung sind keine Erscheinung der Moderne, der Industrieländer, der Konsumgesellschaft. Wir beachten das nur zu wenig. Und da stellt sich die Frage: Warum eigentlich?
Seitdem wir das Wort Marketing akzeptieren, die dahinterstehenden Konzepte praktizieren und die Werbung darin integrieren, richtet sich der Blick auf die Lösung der aktuellen Tagesprobleme. Wenn wir von der Gegenwart abgehen, dann sehen wir nach vorn. Prognosen sind wichtig. Die Zukunft muß bewältigt werden, nicht die Vergangenheit. Und so bekommt ein Wort eine zentrale Bedeutung: NEU.
Wir brauchen Innovation, auf allen Gebieten. Wir suchen neue Produkte. Wir fragen nach neuen Methoden der Konsumforschung. Wir entwickeln neue Distributionswege. Vor allem aber erfinden wir ständig neue Werbekampagnen. Manchmal fast zwanghaft, nur weil ein neues Etatjahr beginnt, weil wir uns einbilden, die Verbraucher erwarteten das und verfolgten genau, ob das Geschäftsjahr des einen Seifenherstellers am Jahresende und das seines Wettbewerbers zur Jahresmitte schließe und er es vielleicht versäume, genau zu diesem Zeitpunkt eine neue Werbekampagne zu bringen.
Alt: darin liegt für Werbeleute allenfalls eine Chance, sofort etwas Neues zu unternehmen. Man ist sogar eher daran interessiert, psychische Veralterungsprozesse zu beschleunigen, modische Entwicklungen zu forcieren, womit man sich ebenfalls und wiederum vom Alten schnell entfernt.
Zu diesen branchenspezifischen Besonderheiten tritt etwas Allgemeines. Seit

vielen Jahren wird in den Schulen die Beschäftigung mit der Geschichte stark reduziert. Man befaßt sich mit Gesellschaftskunde und damit primär mit der Gegenwart, allenfalls mit der jüngsten Vergangenheit. Die Werbung selbst hat kein solches Vorleben, an das eine selbstverständliche Tradition anknüpfen könnte. Ihre vielen Spezialberufe können nicht unmittelbar etwas weiterführen, was es früher schon gegeben hat. Und eine allgemeinere Neugier, geschichtliche Wurzeln aufzuspüren, ist von Schule und Ausbildung her nicht sonderlich gefördert worden. Andererseits aber entwickelt sich offenbar ganz spontan ein großes Interesse breiter Bevölkerungsgruppen an Geschichte, wenn sie gut präsentiert wird. Das beweisen die geradezu sensationellen Besucherzahlen vieler Ausstellungen und Museen, in New York und London genau so wie in Köln, Hamburg oder Stuttgart. Auch die Buchproduktion mit historischen Themen folgt diesem Trend.
Trotzdem gilt: Wer sich mit Geschichte befaßt, steht unter Begründungszwang. Wer sich mit der Historie der Werbung befaßt, sicher in besonderem Maße.
Wie also könnte man argumentieren?
Primum vivere, deinde philosophare. Erst leben, dann philosophieren. Seit einigen Jahren wird diese alte Regel im Kleid der Maslow-Pyramide dargeboten: Die Frage nach der Selbstverwirklichung stelle sich erst dort, wo die einfacheren Grundbedürfnisse befriedigt seien. Aber ist nicht der Zeitpunkt gekommen, an dem die Werbeleute und viele andere, die die Werbung tragen und ertragen, ihre mehr physischen Bedürfnisse gedeckt haben? Das Vordringen zur Selbstverwirklichung verlangt dann auch ein Nachdenken über sich selbst. Wer nach dem Sinn des eigenen Tuns fragt, stößt auf seine Wurzeln. Dann stellt sich allerdings schnell heraus, daß vieles von dem, was man bisher als Neuland gesehen hat, schon früher da war, in Varianten, mit veränderten Gewichten, in anderem Gewand. Das ist für den einen amüsant, für den anderen desillusionierend. In jedem Fall aber führt es weg von der Überschätzung der eigenen Gegenwart. Und das schafft eine Gelassenheit, die man den Freunden und Verteidigern der Werbung ebenso wünscht wie ihren Kritikern und Gegnern. Und wer gar die Werbung prügelt und eine bestimmte Wirtschafts- oder Gesellschaftsform treffen will, der muß sich sagen lassen, er kenne die Geschichte zu wenig, in der sich unter sehr verschiedenen Voraussetzungen und an ganz unterschiedlichen Stellen die Grundformen werblichen Vorgehens oft wiederholen.
Andererseits muß man aber wohl auch vermerken, wie selten offenbar etwa die Historiker oder die Literaturgeschichtler auf das Phänomen treffen. Zumindest drängen sie sich nicht gerade auf, den Werbeleuten etwas über

ihre eigene Vergangenheit zu vermitteln. Nehmen wir einmal Walther von der Vogelweide (geb. um 1170). Bekannt ist er als Minnesänger. Folglich muß er ja wohl als solcher präsentiert worden sein. Tatsächlich ist er damit nur zur Hälfte charakterisiert. Die andere Hälfte läßt sich ziemlich genau mit dem umschreiben, was wir heute Public Relations-Management nennen würden. Das gilt selbst für seine Tätigkeit als Minnesänger, hat er sich dazu doch einen Namen ausgedacht, wie er gar nicht imagefördernder hätte sein können. Aber er hat vieles mehr mit den heutigen Public Relations-Leuten gemeinsam. So verdient er sich mit Reden und Schreiben zum Lobe anderer (der Landesherren) seinen Lebensunterhalt. Sein politisches Wirken ist so erfolgreich, daß er von den Gegnern seiner Auftraggeber der Manipulation bezichtigt wird. Er wechselt öfter seine Kunden. Manchmal geht er gleich zur Gegenpartei, wo er wegen seiner speziellen Branchenkenntnisse keine lange Einarbeitungszeit braucht. Durch seine journalistische Vorbildung schreibt er spitz und textet griffige Merkformeln, die später eine nicht überall positiv bewertete Gattungsbezeichnung erhalten: »Sprüche«. Vielleicht liegt es daran, daß Werbe- und Public Relations-Leute Walther kaum in ihre Ahnengalerie aufnehmen. Möglicherweise aber ist es ganz einfach Unkenntnis.

Gerade im Wechselbad konjunktureller Schwankungen ist es manchmal recht hilfreich, sich der Relativität des eigenen Gegenwartshandelns zu erinnern. So gewinnt man Abstand, weil man einsieht, daß auch früher schon einmal Menschen vor Problemen standen, die sie als unlösbar angesehen haben und die dann oft eine ganz überraschende Lösung fanden, die es ihrerseits aber auch schon einmal in verwandter Form gegeben hat. Die Kenntnis der Geschichte macht ideologiefeindlich. Fanatische Kampfpositionen sind immer auch aus mangelndem Geschichtsbewußtsein zu erklären. Manchmal genügt schon eine ziemlich kurze Rückwärtsbesinnung, vielleicht nur ein gutes Gedächtnis, um auch manche Werbe-Ideologie zu entlarven – und ebenso die mancher Werbegegner, die sich im übrigen selbst kommunikativer Mittel bedienen müssen. Mit allen Gefahren, denen die Werbung als Gegenstand ihrer Kritik ausgesetzt ist.

Will man sich mit der Geschichte der Werbung beschäftigen, so muß sicher eines hinzukommen: So etwas soll auch Spaß machen, ein bißchen spannend sein und möglichst sogar optisch etwas hergeben. Will man das erreichen, so braucht man ein Vorgehen, das den Historiker sicher nicht voll befriedigt. Trotzdem wollen wir hier den Versuch unternehmen, den wissenschaftlich (geschichts-, kunst- und auch kommunikationswissenschaftlich) Gebildeten nicht allzusehr zu verärgern. Wichtiger aber soll es sein, den interessierten Laien nicht zu verschrecken.

Geschichtsbücher zur Werbung gibt es natürlich. Selbstverständlich sind sie chronologisch aufgebaut, passende Illustrationen sind eingefügt. – Bei uns liegt der Ansatz woanders – beim Bild. Am Anfang stand das Sammeln von alten Holzschnitten, Radierungen, Kupferstichen, Lithographien, meist Illustrationen aus alten Büchern. Gelegentlich waren es Einzelblätter, die in irgendeiner Weise etwas mit der Werbung zu tun haben. Es ging dabei nicht primär um alte Werbemittel, frühe Ladenschilder, Flugblätter oder Plakate, sondern um Menschen, die Werbung betreiben, also um das Werben selbst. Und da gibt es mehr, als man denkt.
Nicht alles, was dem Sammler in die Hände fiel, war große Kunst. Bestimmend blieb das Thema, nicht der künstlerische Anspruch. So stehen neben den Blättern renommierter Stecher (Hogarth) und Lithographen (Daumier) ganz unbekannte Illustratoren. Neben manch simpler, aber doch in der Sache aufschlußreicher Darstellung steht die Arbeit für ein wertvolles Sammelwerk. Besonders häufig ist die Karikatur, die ja immer versucht, menschliches Verhalten in übertrieben-verzerrender Form spöttisch aufzuspießen. Und da bietet die Werbung ein dankbares Feld.
Versucht man, den Hintergrund der einzelnen Bilder sachlich aufzuspüren, so kommt man zunächst zu einzelnen Geschichten, weniger natürlich zu geschichtlichen Abläufen. Zusammengenommen werfen sie dann aber ihre Schlaglichter auf das, was Werbung ist und immer war: eine höchst menschliche Angelegenheit, voller Stärken, voller Schwächen. Und die Bezüge zur Gegenwart ergeben sich ganz von selbst, wobei sich zeigt, wie wenig sich die Tücken, Sünden und Risiken in verschiedenen Zeiten eigentlich verändern. Man sagt, Risiko, das sei die Wahrscheinlichkeit des Eintritts eines Ereignisses multipliziert mit seinen Auswirkungen. Die Wahrscheinlichkeit, daß im werblichen Tun gesündigt wird, hat sich in den Jahrhunderten wohl kaum sonderlich verändert. Wohl aber das Maß der Auswirkungen.
Der alte Ausrufer bringt seine thematisch weit streuenden Botschaften unter die Leute. Aber unter wieviele? – Die Antwort auf diese Frage führt an das heran, was an der Werbung der letzten 100 Jahre wirklich neu ist. Der – sicher auch gelegentlich sündigende – Ausrufer spricht in einer Minute allenfalls ein paar Dutzend Menschen an. Der – nehmen wir an, mit gleicher Wahrscheinlichkeit sündigende – moderne Werber erreicht in der gleichen Zeit möglicherweise eine Million. Hier zeigt sich einerseits eine völlig neue Dimension der Verantwortung, andererseits auch die Berechtigung, vielleicht die Notwendigkeit zu einer erhöhten Wachsamkeit ...
Die nachfolgend ausgewählten Bilder unserer Sammlung sind mit Informationen und Kommentaren versehen, bei denen häufig Gegenwartsbezüge

und Vergangenheitsschilderungen verknüpft sind. Gerade diese Verfremdung soll dazu anregen, das Ganze durch neue, ungewohnte Assoziationen besser zu verstehen. Noch einmal: In seinem wesentlichen Kern sind das Metier und seine Praktiken so neu nicht. Das gilt auch noch in einer anderen Beziehung. Erfolgreicher Werber wird man durch Begabung, Ausbildung, Engagement und Glück. Das alles bleibt ganz eng an diese einzelne Person gebunden und läßt sich sehr selten unmittelbar auf einen Nachkommen übertragen. Das hat einerseits zur Folge, daß es hier – wie selten irgendwo – immer wieder neue Chancen für junge Talente gibt. Andererseits aber fehlt es zwangsläufig an jener Kontinuität, die dann von der Tradition her zur Selbstsicherheit führt. Zu ihr gehört, daß man sich zu den Stärken *und* Schwächen seiner Vorgänger bekennen kann. Dieses Buch will helfen, das vielleicht auch mit ein bißchen Humor fertig zu bringen, an dem es den Gegnern der Werbung völlig fehlt.
Trifft der Leser nun bei alledem auf eine Überpointierung, empfindet er irgendetwas als Überinterpretation, gar als Übertreibung – es gibt davon gewiß manche –, so sei er zum augenzwinkernden Verständnis eingeladen. Oder auch zum wohlwollenden Nachdenken, ob es nicht doch so ähnlich gewesen sein könnte.
Vielleicht, vielleicht aber wird trotzdem der eine oder andere Fachmann der Werbung, des Verkaufs oder der Public Relations empfindlich reagieren. Vielleicht wird ein Historiker den Grad der Seriosität und Vollständigkeit der Darstellung bemängeln. Vielleicht wird ein Sozialkritiker vermerken, im letzten habe doch viel zu viel Sympathie für die Werbung die Feder geführt. Vielleicht wird ein Kunstkenner darauf hinweisen, das Bildmaterial gehöre in den Bereich der dekorativen Graphik, die zu sammeln auch nicht die ganz feine Art sei. Vielleicht also sitzen wir zwischen allen Stühlen. Vielleicht aber geht es doch gut aus. Zwischen allen Stühlen sitzen, das kann für den Marketing-Mann auch heißen: Er hat eine Marktnische gefunden. Hoffen wir es!

Ein Altmeister im Kommunikationsgeschäft: Der Ausrufer

Jahrtausende hindurch unentbehrlich für das Zusammenleben der Menschen

In der Weltstadt und auf dem Dorf, überall ergibt sich die Notwendigkeit der Verbreitung von Nachrichten. Die älteste Figur, die solche Aufgaben erfüllt, ist der Bote als Übermittler eines mündlichen Berichts. Er selbst ist nicht der eigentliche Absender, sondern ein Beauftragter, der als Spezialist dafür zu sorgen hat, daß Gedanken, Vorstellungen, Wünsche, Appelle an die Empfänger herankommen, um bei ihnen die gewünschte Wirkung zu erzielen. Was anders eigentlich hat der Werbefachmann zu leisten?

Informationen über Gesetzesvorhaben, Bekanntgabe von Terminen für die Volksvertretung, Motivation zur Teilnahme an öffentlichen Märkten und Festlichkeiten, das sind schon im alten Rom die Aufgaben des praeco, des Ausrufers. Er spielt eine politische und eine wirtschaftliche Rolle. Dabei geht es um nichts anderes als um Werbung und Public Relations, angepaßt einer Zeit, in der viele Menschen nicht lesen können, in der einer schriftlichen Verbreitung aber auch technisch enge Grenzen gesetzt sind. Zu beachten sind also im wesentlichen die Personalkosten der Kommunikation.

Die Ausrufer waren damals häufig staatlich angestellt, also schon so etwas wie Bedienstete von Informationsämtern. Ein freimütiger Autor des 19. Jh. vermerkt allerdings, daß sich in Rom meist nur Ungebildete für diese Tätigkeit bereitfanden. Gelegentlich allerdings auch weniger erfolgreiche Dichter, für die es hier noch einen Ausweg gebe, eben als Texter...

Ob darin irgendeine Parallelität zur Gegenwart liegt, mag offen bleiben. In einer anderen Hinsicht ist sie unverkennbar. Private Ausrufer brachten es schon im Frankreich des 12. Jhs. zu einer eigenen Zunft, worin man zweifellos die Vorläufer der heutigen Verbände von Werbe- und Public-Relations-Managern erkennen kann.

Unerläßlich für einen Ausrufer ist es, immer leichtverständlich, zielgruppengerecht, vor allem aber kurz und prägnant zu formulieren. Er erfüllt damit seit eh und je eine Forderung, die Tucholsky erhebt, wenn er einen Berliner Theaterdirektor zitiert, der die Klassiker regelmäßig stark zusammenstrich und die Frage nach den Gründen seinerseits sehr kurz und prägnant beantwortete: »Wat jestrichen is, kann nich durchfallen.«

Jan met de pan
Aquatinta-Radierung von Ploos van Amstel nach Cornelius du Sart
Amsterdam um 1750

Ein Aristokrat der Kommunikationspolitik: Der Herold

Das Heroldsamt ist eine über die Jahrhunderte hinweg tätige, fast behördenartige Institution. Sie erledigt vielfältige Aufgaben im öffentlichen Kommunikationsgeschehen. Es beginnt mit der Führung des Wappenregisters: für den Adel etwas ähnlich Wichtiges wie das Warenzeichenregister für einen Markenartikler. Es geht um die Identifizierbarkeit und Unverwechselbarkeit dessen, der unter diesem Emblem auftritt. Der Herold hat deshalb auch über die strengen Regeln für das Design der Wappen und die heraldische Fachsprache zu wachen. Dieser Zusammenhang wird in England besonders deutlich, wo der Träger dieser Funktionen Herald heißt und damit die Beziehung zur Heraldik markiert ist.

Uns interessieren nun seine Aufgaben im engeren Bereich der Kommunikation. Darüber gibt ein Text Auskunft, der 1805 in England zu der Darstellung unseres Herolds erschienen ist. Im einzelnen finden wir dort als Tätigkeitsfelder vermerkt:

> Öffentliche Proklamation von Krieg und Frieden;
> Übergabe der Kriegserklärungen an den Feind;
> Vermittlung von Kampfherausforderungen an die Führer der Gegner;
> Beförderung von Botschaften der feindlichen Parteien;
> Aufruf an eine belagerte Festung, sich zu ergeben;
> Übermittlung der Siegesnachricht an den königlichen Hof;
> Übernahme der Verhandlungsführung in schwierigen Fällen;
> Vortrag der Herausforderungen bei Turnieren;
> Übernahme zeremonieller Funktionen bei Taufen, Hochzeiten, Beerdigungen am Hof.
>
> »Ihr Einfluß war groß und ihre Dienste für den Staat in höchstem Maße nützlich. Männer, deren Talente und Tugenden geschätzt wurden, haben den Heroldsrock getragen.«

Das »College of Heralds« (Heroldsamt) besteht in England ununterbrochen seit 1420. Die Kleidung der Mitglieder ist seitdem fast unverändert.

Da zum Herold außerdem noch ein Stück des diplomatischen Status, nämlich die Unverletzlichkeit, gehört, kann man wohl sagen, daß im Zwischenfeld der Funktionen des Botschafters, des Regierungssprechers, des Protokollchefs und der staatlichen Öffentlichkeitsarbeit hier wohl ein Höhepunkt des gesellschaftlichen Ansehens und Einflusses für das Kommunikationsmanagement erreicht ist.

Herold
Farbige Aquatinta von W.H. Pyne
London 1805

Ein Kommunikationsspezialist diversifiziert: Vom Totenausrufer zum Bestattungsberater

Schon im 14.Jh. finden wir in Frankreich ganz verschiedene Arten von Ausrufern. Neben der Verkündung offizieller und kommerzieller Nachrichten betreiben einige von ihnen auch die öffentliche Bekanntgabe der Namen der Verstorbenen.

Im Laufe der Zeit entwickelte sich nun ein eigenes Gewerbe. Der – später sogar amtlich vereidigte – Leichenausrufer entsteht, der Namen und Titel des Verstorbenen sowie Ort und Zeit der Bestattung verbreitet. Er legt sich für sein Auftreten bald eine eigene Kleidung zu. Honorarfragen lassen sich leichter regeln, wenn so etwas wie ein Kleidergeld zu berücksichtigen ist. Die Hinterbliebenen und Geschäftspartner haben – damals wie heute – häufig das Bedürfnis zu einer postumen Public Relations. Und dafür braucht man den Kommunikationsexperten. Dieser wiederum (gut zu texten ist immer schwierig) entgeht dem permanenten Leistungsdruck, den die Erfindung neuer Formulierungen mit sich bringt, indem er formelhaft wiederholbare Aussprüche verwendet. Individuell gestaltete Aussagen verlangen eine Sondergebühr.

Die Entwicklung verläuft in vielen Ländern ähnlich: dem »crieur de corps« in Frankreich entspricht der »aanspreker« in den Niederlanden und der »Leichenbitter« in Deutschland. Sie alle erkennen im Laufe der Zeit, daß das Geschäft viel mehr hergibt. Man findet immer eine Kundschaft vor, die nicht kleinlich auf das Geld sieht, hat sie doch das Gefühl, nun dem Verstorbenen doch noch etwas von dem vergelten zu können, was man ihm vielleicht schuldig geblieben ist: eine im Marketing einmalig günstige Lage.

Und so beginnt die Diversifikation.

Die Reichen wollen eine große Beerdigung. Durch Personalwerbung heuern die Ausrufer nun arme Leute an, die den Leichenzug gegen ein Trinkgeld begleiten. Da man sie passend kleiden muß, legt man sich einen Anzugverleih zu. Ist man schon einmal beim Verleihen, so dehnt man das auf den Leichenwagen aus. So wird aus dem Kommunikationsgeschäft eine Spezialagentur mit umfassendem Beratungsdienst. Und wenn Werbe- und PR-Leute heute gelegentlich Todesanzeigen verfassen müssen, so mögen sie sich trösten: Sie wandern in den Spuren von Vorvätern des Informationsgewerbes.

Aanspreker
Aquatinta-Radierung von Mathias de Sallieth
Rotterdam um 1780

Werbung, Lärm und Umweltschutz

Im ersten Jahrhundert v. Chr. schreibt der römische Dichter Horaz:

Ein Kaufmann macht durch allzu lautes Werben
Die Ware, die ihm feil ist, nur verdächtig.

Diese werbepsychologische Einsicht gewinnt ein Mann, dem viel Zeit zum Nachdenken bleibt. Er braucht sich um seinen Lebensunterhalt nicht zu kümmern, gehört er doch zur Umgebung eines Adeligen, dessen Name zum Programm wird: Maecenas. Der sorgenfreie Horaz erfindet dann noch ein Schlagwort, in dem – wohlverstanden – einer der wirkungsvollsten motivationalen Anstöße zum Konsum steckt, die man sich denken kann: Carpe diem (Nütze den Tag).

Aber finden wir zurück zu der vom Dichter angesprochenen Lautstärke der Werbung. Gewiß meint er hier wohl kaum die Phonzahl. Wie sollte auch ein Lyriker in »Dezibel« denken. Aber ganz auszuschließen ist dieser Aspekt des Themas auch nicht. Zu seiner Zeit gibt es schließlich in der Werbung auch nicht nur die zarten Töne.

Wirklich unangenehm wird die Lautstärke der sich überbietenden Händler, Marktschreier und Anbieter der verschiedensten Dienstleistungen erst viel später in den Hauptstädten Europas. Ein Berichterstatter aus Paris bezeichnet das Straßenleben der Stadt schließlich gar als »Kakophonie« und »Monsterkonzert«. Eine Vorstellung von dem, was London auf diesem Gebiet darzustellen imstande war, bietet unser Bild. Hier handelt es sich immerhin noch um die werbliche Bemühung eines Mannes, der eine noch recht ätherische Ware zu verkaufen hat, nämlich Liedertexte. Wir können uns ausmalen, was diejenigen anstellen, die ein viel handfesteres Angebot machen und wegen ihrer Werberufe berüchtigt sind: die Müllkutscher und Kaminkehrer. Was der Zeichner von unserem Händler und seinem Vorgehen hält, drückt er nicht nur im Bild aus, sondern auch durch den Untertitel, indem er ihm den Namen Raven (Rabe) gibt und solchermaßen den Liederverkäufer ausgerechnet mit diesem krächzenden Vogel in Verbindung bringt.

Die satirische Zeitung Punch greift dieses Thema einmal auf und stellt dem lauten, rauhbeinigen Verkäufer das Wunschbild eines höflichen Pendants gegenüber. Da das ambulante Gewerbe kaum zum Leserkreis des Punch gehört, muß der umweltverbessernde Einfluß ausbleiben.

Wir meinen heute oft, das Lärmproblem sei neu und stelle uns erstmalig vor die Aufgabe, es zu lösen. Ebenso denkt man in London in der Mitte des vorigen Jahrhunderts und fordert gesetzliche Regelungen. Durch diese Diskussion angeregt, entdeckt man allerdings ein Statut aus der Zeit von Königin Elizabeth I., das in einer Generalklausel jedweden Lärm und nächtlichen Streit untersagt. Es scheint allerdings Anlaß bestanden zu haben, in einer Spezialvorschrift ausdrücklich auch das Verprügeln der Ehefrauen unter Strafe zu stellen. – Man sieht, welch segensreiche Nebenwirkungen der Emissionsschutz schon im 16. Jh. hervorbringt.

Kaufruf eines Liederverkäufers
Kolorierte Lithographie, monogrammiert R.S.
London um 1830

Auch Literatur bedarf der Vermarktung

Der Vertrieb literarischer Erzeugnisse bleibt lange Zeit hindurch mit ihrer Produktion verbunden, in einer Hand. Erst in der Renaissance beginnt die Trennung der Funktionen des Druckers, Verlegers und Buchhändlers. Die anspruchsvolleren Drucker vermarkten die Gelehrtenliteratur auf den Buchmessen, wobei in Deutschland schon früh die Namen Frankfurt und Leipzig im Vordergrund stehen.
Auf einer anderen Stufe steht die Kolportageliteratur, die das bietet, was heute der Groschenroman und die Regenbogenpresse abdecken. Der Kolporteur tritt als ambulanter Händler auf, verkauft auf den Straßen und von Tür zu Tür. In unserem Bild wirbt der »Colporteur« für die Biographie eines Hochzeitsladers. Dieser ist seinerseits im Kommunikationsgeschäft tätig, auch ein Werber, der die Gäste zur Teilnahme an einer Hochzeit bittet: Der Dialog zwischen Werber und Umworbenen ist in einer Vorform der Sprechblase wiedergegeben und zeigt sehr deutlich, daß der Angesprochene kaum zur Zielgruppe gehören kann. Er gibt sich nämlich als der Titelheld zu erkennen.
Diese Darstellung beweist nun ganz eindeutig, daß es im Jahre 1798 Leute gab, die einen Sensus für Marketingfragen hatten.
So liegt es nahe, einige andere Texte der Marketing-Literatur aus dem gleichen Jahr 1798 zu zitieren. Dort lautet eine Empfehlung an den Verleger:
»Dieser bedarf aber zur Belebung seiner Verlagshandlung eben nicht den inneren Gehalt und Werth der ihm vorgelegten Ware in Betracht zu ziehen, wohl aber den Markt.«
Sich zu einer solchen marktorientierten Haltung öffentlich zu bekennen, würde heute sicher manchem Produzenten von Kulturgütern schwerfallen, sähe er darin nun tatsächlich zwischen Kauf und Verkauf die Sünde lauern. Aber wir wollen es ihm leichter machen und den Autor verraten: Immanuel Kant. Und da es nun heraus ist, können wir gleich eine weitere Passage aus seiner Schrift »Ueber die Buchmacherey« nachschieben:
»Ein erfahrener Kenner der Buchmacherey wird, als Verleger, nicht erst darauf warten, daß ihm von schreibseligen, allzu fertigen Schriftstellern ihre eigene Waare zum Verkauf angeboten wird; er sinnt sich als Director einer Fabrik, die Materie sowohl als die Façon an, welche muthmaslich, – es sey durch ihre Neuigkeit oder auch Scurrilität des Witzes, damit das lesende Publikum etwas zum Angaffen und zum Belachen bekomme, – welche, sage ich, die größte Nachfrage, oder allenfalls auch nur die schnellste Abnahme finden wird.«
Und zum Gag in der Werbung hat der Philosoph ebenfalls ein realistisches Verhältnis, beschreibt er doch die Möglichkeit,
»... durch die Seltenheit des Spectakels, wo die Dinge, aus der natürlichen Lage gerückt, auf dem Kopf stehend vorgestellt werden, viel Neugierige herbey zu ziehen, um durch eine Menge von Zuschauern (wenigstens auf kurze Zeit) den Markt zu beleben.«

Ein Colporteur
Kupferstich
Nürnberg 1798

Die politische Karikatur – oder die Werbung ohne Budget

Der »Karikaturenfeldzug« der Engländer gegen Napoleon ist eine Sternstunde der politischen Werbung. In den entscheidenden Jahren der Furcht vor einer Invasion beginnt in England nicht nur der Bau von Verteidigungsanlagen, sondern auch eine intensive Kampagne der Meinungsbeeinflussung. Hier wird die Verteidigungsbereitschaft mobilisiert, mit sehr subtilen Mitteln, getragen von Künstlern beachtlichen Ranges. Ihre Waffe: die Karikatur. James Gillray ist eine der markantesten Figuren. Er zeigt den Welteroberer in immer neuen Varianten der Übertreibung und Verzerrung, versucht, ihn zu entlarven, lächerlich zu machen und so die Angst vor ihm zu nehmen.

Aus seinen und seiner Kollegen (Rowlandson, Cruikshank, Woodward) Arbeiten entwickelt sich eine vielfältige Kampagne, ein Media-Mix par exellence. Die Karikaturen erscheinen als Flugblätter und als solche bald an Hauswänden und in den Läden. Als Treffpunkte der politisch Interessierten fungieren Handelsbetriebe, nämlich die Kunstgalerien. Was dort gezeigt wird, entfaltet sich zu einer Modewelle, die sich inhaltlich und formal in der Gestaltung von Pfeifenköpfen, Spazierstöcken, Porzellanfiguren und Spielkarten fortpflanzt, ja sogar als Scherzartikel im Kinderspielzeug. Die Verleger gestalten ganze Mappenwerke von Karikaturen und entwickeln dabei eine Idee, die heute unter dem Namen »Artothek« wieder als Neuheit auftritt: Da nicht jedermann alle Kunstwerke kaufen kann, bietet man sie zum Ausleihen an.

Bei alledem gelingt eine geradezu vorbildliche Verknüpfung von politischen Interessen und einer Realisierung der ihnen dienenden Kampagne auf kommerzieller Basis. Für alles das, was eigentlich Werbemittel sind, bildet sich ein Markt. Man braucht nichts kostenlos zu verteilen. Man verkauft nur. Und was braucht man dazu? – Ideen und Qualität der Gestaltung.

Was heute der Verkaufsförderung als Ideal gilt, hat hier sein Vorbild. Das Promotions-Material wird von denen selbst bezahlt, die es angeht: »self liquidating offer« nennt man das heute. Sicherlich aus Respekt vor den Engländern, die das schon an der Wende vom 18. zum 19. Jh. beherrschten.

Das nebenstehende Bild eines Karikaturenladens und seines Werbers stammt aus Frankreich. Die große, einladende Geste zur Unterstützung der Aussage hat eine gewisse Allgemeinverbindlichkeit. Sie ist klassisch zu nennen und tritt auch in England auf, wie »Punch« zeigt, der zum Bezug der gleichnamigen satirischen Zeitschrift auffordert, allerdings schon einige Jahrzehnte nach dem »Karikaturenfeldzug«. Zu ihm ist allerdings noch die Begründung nachzutragen, warum er als eine Sternstunde der Public Relations gelten darf. Die englische Regierung, die von dieser Kampagne profitiert und sie auch anregt, spielt sich nie in den Vordergrund. Sie läßt neutrale Bundesgenossen aus der Kunstszene arbeiten.

Kaufruf für Bilder
Kolorierte Lithographie von C. J. Traviés
Paris um 1835

Vom Werbeinstrument zum Kunstwerk: Die Glocke

Die heutigen Metallglocken haben ihre Vorläufer wohl in Pflanzenschalen, denen die Naturvölker bereits zweierlei Aufgaben zuweisen: Signale zu geben und eine rhythmisch-musikalische Wirkung zu erzeugen. Zwischen diesen beiden Polen entwickelt sich über einfache Holzkörper, aneinandergeschweißte Platten, verschiedene gongartige Geräte schließlich die gegossene Glocke. Lange Zeit steht die Funktion im Vordergrund; der Glockenklang soll etwas bewirken, bei Menschen oder bei – Geistern. Es wäre sicher etwas zu weit gegriffen, die Beeinflussung der Geister im Sinne des Initiators eines Geläutes auch noch als eine werbliche Aufgabe anzusehen. Aber wo eine Glocke die Menschen anregt, etwas Bestimmtes zu tun, sie zu einer Aktivität ruft, also über die auditive Kommunikation eine Handlung anbahnt, können wir sie sicher den Werbemitteln zurechnen. Wenn es gelegentlich schwerfällt, sich daran zu erinnern, so gibt es dafür einen doppelten Grund. Dieses Werbemittel hat – wie kein anderes – seine ästhetische Komponente gepflegt und damit die Kommunikation zu einem Reiz an sich gemacht, völlig losgelöst vom dahinterliegenden Zweck. Die Endstufe liegt dort, wo jegliche, ursprünglich werbliche Absicht aufgelöst ist: beim Glockenspiel, etwa an einem Rathausturm. Allerdings schleicht sich die Werbung durch eine Hintertür oft doch wieder ein: Das Glockenspiel wird zu einer Touristik-Attraktion. Aber auch bei den Kirchenglocken hat sich die Gewichtung (von der Aufgabe her) mit der Zunahme der Gewichte (von der Metallmenge her) mehr zum klanglichen Ausbau verlagert, der stärker beachtet wird als die werbliche Grundfunktion.
Weiterhin übernehmen die Glocken schon in ihren frühen Formen und über alle Entwicklungsstufen hinweg eine Fülle von kultischen, manchmal magischen, meist liturgischen Bestimmungen. Wo Unheil abgewendet werden soll, wo zeremonielle Vorgänge einzuleiten oder religiöse Übungen zu begleiten sind, denkt man natürlich nicht an Werbung.
In unserem Bild gibt der Mönch mit seinem Klöppel ein Signal, mit dem er einen verbalen Ruf ersetzt. Hier wie überall vermittelt die Glocke eine große Vielfalt von Nachrichten und ein Bündel von Motivationen: von der Mitteilung der Uhrzeit über die Aufforderung zum Gebet bis zur Anregung, sich auf den Weg zur Kirche zu machen oder sich am Feuerlöschen zu beteiligen. Nun beweist gerade das Glockengeläut auf überzeugende Weise die unterschiedliche Wirkung ein und desselben Kommunikationssignals. Was der eine als Einladung zum Gebet versteht, ist für den anderen allenfalls ein ästhetischer Genuß, wird vom dritten nur als Information über die Uhrzeit registriert und vom vierten als ruhestörender Lärm abgelehnt. Genau hier zeigen sich die Grenzen jeglicher werblichen Beeinflussung: zur Sünde, aber auch zur Tugend.

Mönch mit Gong
Kupferstich von A. v. Westerhout
Rom 1776

Etwas an die große Glocke hängen: Ist das Werbung?

Die Glocke zeichnet sich durch eine unglaubliche Vielfalt aus: im Reichtum ihrer künstlerischen Gestaltung, in der Breite ihrer Einsatzfelder und in der Größe ihrer Erscheinungsformen. Allerdings ist auch hier alles relativ. Was als Kirchenglocke allenfalls noch in einer kleinen Kapelle am Feldesrand denkbar ist, nimmt sich in der Hand eines herumreisenden Händlers schon ganz beachtlich aus, wie unser Hamburger Textilverkäufer aus den ersten Jahren des 19. Jhs. demonstriert.

Beeindrucken kann man sein Publikum allerdings nicht nur durch die Größe der einzelnen Glocken, sondern auch durch die Kombination vieler. Das zeigt ein Domgeläute, aber auch der Schellenbaum einer Militärkapelle, bei dem die musikalische Seite völlig zurücktritt gegenüber der Imponierpose, womit ein Kommunikationsziel im Prestigeraum genannt ist, das wiederum der Werbung nahesteht.

Unser Hamburger Händler arbeitet mit einer für seine Situation schon recht großen Glocke. Damit erweist er sich als Vertreter jener nicht ganz kleinen Gruppe von Kommunikationsexperten, die sich als Grundsatz für die Werbewirkung auf eine sprichwortartige Wendung berufen: Nicht kleckern, sondern klotzen. Sprichwörter haben meist den fatalen Nachteil, durch ein Gegensprichwort ihrer Wirkung beraubt werden zu können. Hier: Steter Tropfen höhlt den Stein. Und wem eine solche Gegenaussage gerade nicht einfällt, der kann sich im konkreten Fall trotzdem noch mit einem Sprichwort retten: Ausnahmen bestätigen die Regel.

Da uns die Volksweisheit in der Beurteilung des werblichen Größenaufwandes also nicht weiterhilft, müssen wir uns doch der Wissenschaft zuwenden. Bei wem klingelt es, wenn wir über die Glocken reden? – Bei der Psychologie! Wir können davon ausgehen, daß die Werbung der Psychologie ebensoviele Anregungen wie Frustrationen verdankt.

Das Klingeln eines kleinen Glöckchens ist es, das den Pawlowschen Hund veranlaßt, den Magensaft auch dann abzusondern, wenn die üblicherweise mit dem Klingeln verbundene Verabreichung des Futters ausbleibt und nur noch die Glocke ertönt. Von dieser reflektorischen Reaktion, die einer Dressur sehr nahe kommt, behaupten nun böse Zungen, hier habe die Wissenschaft eine Chance, die Situation des umworbenen Menschen einmal treffend zu beschreiben, indem sie ihn mit dem einem bedingten Reflex unterliegenden Hund vergleiche, womit zugleich bewiesen wäre, wie wenig es darauf ankomme, etwas an die *große* Glocke zu hängen.

Fragt man, ob in der Geschichte der Werbung irgendwann einmal die richtigen Schlüsse aus diesen Erkenntnissen gezogen worden seien, so trifft man auf das frühe Mittelalter. Damals montierte man kleinere Glocken auf einen Wagen, um damit in den Krieg zu ziehen. Damit war man sicher, nicht auf die Reflexe der Soldaten verzichten zu müssen, die ihr gewohnter Klang auslöste. Seitdem wartet dieses Werbemittel darauf, neu entdeckt zu werden.

Wull'n un linnen, Kopper un Mischen
Aquatinta-Radierung von Christopher Suhr
Hamburg 1808

Die Werbetrommel rühren – wörtlich

Eine der markantesten Figuren Daumiers ist Robert Marcaire, der in vielen Kaufmannsgestalten auftritt, hier in der großen Pose des Moritatensängers, in sich schon ein Stück Werbung. Trotzdem begleitet ihn – wie meist – ein Herr, dem die Aufgabe zufällt, Aufmerksamkeit zu schaffen. Dazu bedient er sich stets der Trommel. Wir begegnen hier einem – zugegebenermaßen ziemlich einseitig denkenden – Werbespezialisten.

Die Werbetrommel zu schlagen, das ist nicht nur ein männliches Geschäft. Auf einem englischen Jahrmarkt begegnen wir der Prinzipalin einer Theatertruppe. Sie scheut sich nicht, – schon im Kostüm – die Werbung selbst in die Hand zu nehmen und das Publikum zusammenzutrommeln. Unterstützt wird sie von einem Negerknaben, der Trompete bläst.

Musikinstrumente erfüllen viele Informationsleistungen, vom aktivierenden Jagdhorn bis zur lockenden Flöte. Wie kann man einer Sache mehr dramatischen Aufforderungscharakter geben als durch einen »Paukenschlag«? Dem Posaunenschall traut man gar zu, Tote aufzuwecken. Auch hier ist es aber oft so, daß sich die Werbung nicht ungestört entfalten kann, weil die Konkurrenz mitspielt.

Die werbliche Auseinandersetzung zwischen einem weiblichen und einem männlichen Musizierenden und zwischen zwei zur Werbung eingesetzten Musikinstrumenten ist wohl nie eindringlicher in einer künstlerischen Überhöhung dargestellt worden als von Georges Bizet im 2. Akt seiner »Carmen«. Die Titelheldin begegnet in einer Schmugglerschenke dem in sie verliebten Offizier Don José. Ihn ruft eine den Zapfenstreich ankündigende Trompetenmelodie zurück in die Kaserne. Aber Carmen wirbt zum Bleiben, mit Kastagnettenklang, nur begleitet von einem herausfordernden, rhythmisch gesungenen: la – lala – la, la, la, la, la, la, la – lalalala – la. Das sachlich gemeinte, doch auch nicht ganz stimmungslose Trompetensignal trifft auf einen rein emotionalen Zuspruch. Werbung gegen Werbung, kompositorisch genial verwoben. Keine Frage, wer hier Sieger bleibt: die Sünde.

Trotzdem darf man den Fortgang nicht unbeachtet lassen. Das Empfinden des Umworbenen bringt noch eine der schönsten Tenorarien hervor. Sie endet mit dem Bekenntnis: »Carmen, je t'aime«. – Schon bald aber wird alles anders. Die so erfolgreiche Werberin wird vom Umworbenen erstochen. Sein letztes Wort an sie: »Eh bien! Damnée!«.

Moral: In der Werbung ist es immer nützlich, die kurzfristigen und die langfristigen Resultate getrennt zu sehen.

Voulez vous de l'or, voulez vous de l'argent, voulez vous des diamants
Lithographie von Honoré Daumier
Paris 1831

Übertreibung – Zwillingsschwester der Werbung?

Wie wirbt man für eine schnell verderbliche Ware?
Zunächst bietet es sich an, die Frische selbst zum Zentrum der Aussage zu machen. Allerdings sollte die Ware tunlichst diesem Anspruch gerecht werden. Sonst ist der Anbieter gezwungen, vor den eigenen Behauptungen von gestern die Flucht zu ergreifen wie mancher Hausierer. Verbraucherfreundlich orientiert verstellen viele Wettbewerbsgesetze heutzutage manche Fluchtwege, so daß solche Praktiken nur noch dort funktionieren, wo es die Kunden sind, die von sich aus ständig Fluchtbewegungen ausführen. So etwas leisten in geradezu idealer Weise die Touristen: gesuchte Zielpersonen für dubiose Werbeaussagen.
Verderbliche Waren verlangen nach einer blitzartig wirkenden Werbung. Daraus entsteht ein Zwang zur Lautstärke, auch im übertragenen Sinn, als Exorbitanz in jeder Hinsicht.
Immerhin: Altes Obst kann man noch unter frischem verstecken und loswerden, alte Blumen in Kränzen verarbeiten, Fisch durch sachgerechte Lagerung ein paar Tage geruchsfrei halten. Selbst alte Hüte werden nicht von heute auf morgen unverkäuflich, wohl aber: die Zeitungen. Deshalb begegnen wir hier auch den massivsten Übertreibungen.
Der hier abgebildete, seinen Werbespruch ausrufende Verkäufer eines Boulevardblattes hat seinen Namen von der Gattung einer Zeitung: canard, Ente. Er geht zurück auf die Bezeichnung für eine Nachricht, von der es heißt, sie sei »ein bißchen wahr, immer übertrieben, oft falsch« (Nerval). Mit der Ente assoziiert man in Deutschland seit Jahrhunderten das Schnatternde, das dümmliche Drauflosplappern, das allzu schnelle und deshalb oft falsche Hinplaudern als »blaue Ente«, als »Entenmär«. Die engere Bedeutung als Zeitungsente präzisiert sich durch die Übersetzung von canard im 19. Jahrhundert.
Unser canard wirbt für eines jener Blätter, die in Paris zeitweise mit 600 ähnlichen konkurrieren und die üblicherweise auf der Titelseite »horrible Details« ausbreiten, woran sich bis heute wenig geändert hat. Diese Details beziehen sich meist auf Vorfälle, die zu Prozessen führen, über deren Verlauf sich ebenso sensationell berichten läßt wie über die Strafvollstreckung. Wie sich daraus auch wirtschaftlich etwas machen läßt, ist auf Seite 78 nachzulesen.
Moderne Analytiker charakterisieren die Übertreibungen bei der Aufbereitung und Darbietung kommunikativer Botschaften sehr subtil als »Dramatisierung der werblichen Aussage«. Die früheren Berichterstatter sprechen ganz unverblümt von Geschrei (»cry«).

Le Canard
Kolorierter Holzstich nach J. I. Grandville
Paris 1841

Personalunion von Werbung und Verkauf: Der Kaufruf

Der Krämer als Werber

Der ambulante Händler belebt durch Jahrhunderte das Bild der städtischen Straßen. Neben den fest ansässigen Handwerkern und den auf den Märkten anbietenden Bauern des Umlandes ist er es, der die Menschen mit Waren und Dienstleistungen versorgt. Es geht um den Verkauf aller Gegenstände des täglichen Bedarfs, um nützliche Dienste wie Scherenschleifen und Kaminfegen, um verschiedene Formen der Unterhaltung, der Gaukelei und schließlich – auf der untersten Stufe – um das Betteln.
Bevor ein solcher Anbieter das Gespräch mit seinem Kunden aufnehmen kann, muß er diesen erst einmal auf sich aufmerksam machen. In diesem Bereich der Verkaufsanbahnung liegt genau das, was wir gemeinhin als Werbung bezeichnen. Nur ist es hier der Verkäufer selbst, der die Werbung in der Hand hat, während der Ausrufer schon ein Spezialist ist, der nur kommunikative Aufgaben erfüllt.
Wie wird ein Straßenhändler das Interesse auf sich ziehen? Sicher mit visuellen und mit akustischen Mitteln. Optisch kann er sich nur den Passanten präsentieren. Will er auch die Menschen in den Häusern erreichen, so muß er akustische Mittel einsetzen. Schlagzeuge und Glocken tun hier ihren Dienst, vor allem aber die gut trainierte Stimme. Mancher Schilderer früheren städtischen Lebens klagt bitter über den unerträglichen Lärm, den die konkurrierenden Händler, Gaukler, Possenreißer und Scharlatane mit ihrem Werbegeschrei verursachen. Wie heute manche Leuchtreklame den sichtbaren Eindruck einer Stadt stört, muß es früher der Lärm des Straßengewerbes gewesen sein, der den akustischen Eindruck beeinträchtigte.
Das Herausschreien der Angebote ist so typisch, daß seit langem in der kultur- und kunsthistorischen Betrachtung dafür die passenden Namen eingeführt sind: in Frankreich »crie«, in England »cry« und im deutschsprachigen Raum »Kaufruf«. Genau das ist die Bezeichnung, die die Konsumgüterwerbung vieler Jahrhunderte charakterisiert und unter der zahllose illustrierte Darstellungen dieses Vorläufers heutiger Wirtschaftswerbung vorliegen, wie unser Obsthändler, den Annibale Carraci (1560 bis 1609) in Bologna zeichnete.
Wenn die meisten Werbeleute davon so wenig wissen, so ist das zunächst einmal verständlich, denn auch der Große Brockhaus kennt den »Kaufruf« nicht. Ein weiterer Grund könnte darin liegen, daß man sich einer Verwandtschaft schämt, deren letzte Nachkommen ein bißchen dubios erscheinen: der Abonnentenwerber an der Haustür, dessen Kaufruf lautet: »Ich bin Student!«, der Zigeuner, der die Aufmerksamkeit mit der Bemerkung weckt: »Echter Teppich für 20 Mark!« und der Seifenverkäufer, der behauptet: »Ich komme von einer Blindenwerkstatt.«
Die werbliche Sünde – nicht nur eine Angelegenheit der Werbeprofis . . .

Verkauf von Melonen und Zitronen
Kupferstich von Allessandro Algardi und Simon Guillain nach Annibale Carraci
Rom 1646

Straßenhandel: Männer machen's möglich

Der werbende und verkaufende Händler findet sich in vielen Bildwerken mit Berufsdarstellungen in allen denkbaren graphischen Techniken und in den verschiedensten Ländern. Der Holzschnitt von Jost Amman (s. S. 37) führt einen Händler vor, der allen möglichen Kleintrödel anpreist. Unser Wiener Händler dagegen bietet ein sehr schmales, aber recht eigenwilliges Sortiment: Mausefallen und Blasebälge. Offenbar bahnt sich hier schon etwas an, was die Handelsforscher des 20. Jhs. als eine neuere Entwicklung beschreiben, nämlich der Verzicht auf klare Fachsortimente, an deren Stelle eine Sortimentsvermischung tritt, die man natürlich am treffendsten mit einem englischen Wort bezeichnet: scrambled merchandising. Merkwürdigerweise ist diese Art der Sortimentspolitik mehr eine Sache der Männer. Weibliche Straßenhändler konzentrieren sich durchweg auf einen oder wenige, aber zusammenhängende Artikel.

Wie sehr sich gerade dem Spezialisten besonders attraktive Möglichkeiten der Warenpräsentation eröffnen, demonstriert unser Korbhändler, der nun allerdings ohne eine gewisse männliche Kraft nicht wirken kann. Fachlich müßte man sein Sortiment als schmal und tief bezeichnen. Die Art der werblichen Darbietung zwingt eher dazu, es als »hoch« zu charakterisieren. Ein erfindungsreicher Anbieter kann schon etwas daraus machen, wenn sich bei seinen Waren großes Volumen und geringes Gewicht verbinden. Es bedarf dann nicht des Tricks, der bei modernen Preisausschreiben angewandt wird. Ist ein Klumpen Gold von 1 kg zu gewinnen, dann wirkt seine Abbildung nur dann imposant, wenn man ihn innen hohl läßt und so photographiert.

Hier nun ist die unverfälschte Ware mit dem Verkäufer zu einem eigenwilligen Werbemittel verschmolzen, das große Aufmerksamkeit weckt. Ein Nachteil liegt allerdings darin, daß der Verkauf eines einzigen Stücks das Werbemittel zerstören kann, also die Werbewirkung aufhebt. Das soll es in der Tat geben: Werbung wird zum Selbstzweck, abgelöst von der verkaufsfördernden Wirkung. Frage also: Was ist »gute« Werbung?

Mäusfallen! Blasbälger!
Radierung von Quirin Mark nach Johann Christian Brand
Wien 1775

Buchwerbung und Buchvertrieb – unkonventionell

Der Vertrieb von Druckwerken verlangt viel Phantasie. Um 1500 bezieht ein Drucker seinen Bischof in die Werbung ein: Dieser verfaßt ein Vorwort zu einem religiösen Buch und erteilt darin für die Lektüre einen Ablaß von 40 Tagen. Eine andere Form des Büchermarketing verbreitet sich im 17. Jh. Ungefragt dediziert man ein Buch einem Fürsten oder großen Handelsherrn, um einen moralischen Zwang zur Abnahme größerer Posten durch den Geehrten auszuüben. 1798 sieht sich der Hamburger Senat zu einer Bekanntmachung genötigt, er werde mit Dedikationen so eingedeckt, daß er künftig jede ohne vorherige Anfrage an ihn gelangende Einsendung unbeachtet lasse.

Eine marktgerechtere Form der Forcierung des Absatzes liegt in einer Aktualisierung des Angebots: Man kleidet die Publikation in das Gewand eines Kalenders. Damit ist das große Feld des Almanachs abgesteckt. Nun war das Kalendermachen früher gar nicht so einfach. Dem jungen Astronomen Johannes Keppler obliegt die Verpflichtung dazu, als Landschaftsmathematikus in Graz ebenso wie später in Prag. Er empfindet diese Aufgabe als »lästige Sklavenarbeit«, was nicht zuletzt daran liegt, daß man von ihm Aussagen über künftige Ereignisse in der Politik und beim Wetter erwartet. Der Almanach informiert aber auch über die Termine der kommenden Messen und großen Jahrmärkte und hat somit durchaus werbliche Bedeutung.

Der Almanach gehört eindeutig zur Trivialliteratur, was sich bereits durch die horoskopartigen Beiträge andeutet. Neben den wenigen Informationen findet sich viel Unterhaltung, durchaus im Stil der heutigen Groschenromane. Gekauft werden diese anspruchslosen Publikationen meist vom städtischen Gesinde, das im 18. Jh. schon weitgehend das Lesen gelernt hat. Damit erweist sich der durch unsere Verkäuferin illustrierte Vertriebsweg als verständlich. Im übrigen aber gelangen die Almanache auf diese Art in die Haushalte der höheren Schichten und finden dort ebenfalls ihre Interessenten. Damit gewinnt der Inhalt dieser Bücher seine Wirkung auf die Vorstellungen, Wünsche und Meinungen größerer Publikumskreise. Da das auch wirtschaftlich wichtig ist, bleibt es bis heute üblich, auf diese Weise Einfluß zu nehmen. Mancher Bücherschreiber dieses Genres hat sich angewöhnt, z.B. die Getränke, die die handelnden Personen konsumieren, danach zu bestimmen, welcher Hersteller das beste Honorar zahlt. Sucht er die Kleider, Zigaretten oder Reiseziele nicht nur nach eigenen schriftstellerischen Gesichtspunkten aus, sondern nach dem Geldeingang von den Interessenten, dann nennt man das treffend Schleichwerbung.

Eine besonders raffiniert-elegante Form ist überliefert. In einer Heiratsanzeige heißt es: »Junge, attraktive und reiche Frau sucht einen Mann, der ohne Vermögen sein kann, aber dem Titelheld des Romans ›Die glückliche Insel‹ genau entsprechen muß«. Wirkung: 1000 verkaufte Exemplare in einer Woche.

Buy a new Almanack
Radierung von Pierce Tempest nach Marcellus Laroon
London 1711

Pygmalion und die Eigentümlichkeiten der Werbesprache

Der Kupferstecher stellt unser Sockenmädchen in die Szenerie der Stadt, ganz problemlos, als Teil seiner Umgebung. Er läßt es sein Nürnberger Publikum im fränkischen Dialekt umwerben. Es ist nicht zu erkennen, daß damit irgendeine Abwertung oder Kritik ausgedrückt werden soll. Diese Unbefangenheit der Werbesprache gegenüber ist aber durchaus nicht selbstverständlich.
Nicht erst heutzutage gibt es philologische Betrachtungen zum Wortschatz der Werbung. So schildert ein englisches Buch aus der zweiten Hälfte des 19. Jhs. die Verwilderung der Sprache der Straßenhändler und der Anbieter von Dienstleistungen. Die Verwendung einer rohen, unartikulierten, formelhaften Kurzsprache sei eingerissen. Die Worte in sich seien nicht mehr verständlich, hätten eine sloganhafte Eigentümlichkeit entwickelt, die es allerdings erlaube, die einzelnen Ausrufer gut zu identifizieren. Ohne besondere Neigung oder Begabung zur Musik werde eine primitive Melodie verwendet, mit der sich vor allem die Anbieterinnen von Katzenfutter auszeichneten. Welch unerträgliche Rolle sie spielten, gehe allein aus der Tatsache hervor, daß es in London ein Marktvolumen von 100 000 Pfund gekochten Pferdefleisches gebe, das nur zur Katzenfütterung diene. – Aus werblicher Sicht ist es gewiß nicht das Schlechteste, sich als Verkäufer unverwechselbar darzustellen und selbst in Ruf und Melodie eine Assoziation zur Ware zu erleichtern. Und Katzenmusik ist eben in sich nicht jedermanns Sache. Wem soll man den Vorwurf machen? Den Werbern oder den Katzen?
Die Werbesprache sei in eine cockney pronunciation abgeglitten, meint der englische Beobachter, und fügt hinzu, die Reformer des Alphabets müßten wohl einsehen, daß die vorhandenen Buchstaben nicht ausreichten, das wiederzugeben, was an Verballhornung der Sprache im Straßengeschäft üblich werde.
Professor Higgins aus Bernhard Shaws »Pygmalion« und aus dem Musical »My Fair Lady« lauert um die Ecke. Ihn interessiert ein Einzelfall. Der Dialektforscher hört eine Straßenverkäuferin in ihrer ungewöhnlichen Werbesprache. Er möchte beweisen, daß das Mädchen Eliza (das sicherlich auch einige Voraussetzungen mitbringt, die unserem Sockenmädchen fehlen) nicht verloren ist. Durch Befreiung von der Slangsprache der Werbung will er ihm den Zugang zur feinen Gesellschaft bieten. Das Ergebnis ist interessant. Das Mädchen schafft es, seine Unsitten der Werbesprache abzulegen, gelegentlich auch in der Oberschicht zu verkehren, ohne aufzufallen. Ob es aber wirklich in die besseren Kreise aufgenommen wird, das bleibt offen. Nicht nur bei Bernhard Shaw.

Das Socken Maedchen
Kupferstich von Ambrosius Gabler
Nürnberg 1790

Der Verfall eines ehrenwerten Berufes

Im späten Mittelalter hat der Oblatenbäcker in Frankreich das Privileg, Hostien herzustellen: ein angesehener Stand. Er bleibt den Männern vorbehalten. Durch Gesetz. Der »oublieur« bietet allerdings auch andere, waffelartige Teigwaren an, für den Hausverzehr. Sein Werberuf auf den Straßen macht die Kunden auf sein Erscheinen aufmerksam. Es wird üblich, ihn in die Häuser hereinzuwinken, um dort vor allem in den frühen Abendstunden seine Waren zum schnellen Verbrauch einzukaufen.
Aber: An dieser Stelle lauerte damals genau so die Sünde wie in der gegenwärtigen Zeit. Heute tarnt man sich als Interviewer eines Markt- oder Meinungsforschungsinstituts, um in die Wohnungen Einlaß zu finden. Was dann folgt, ist nun allenfalls eine Scheinbefragung, die sehr bald in die Werbung für ein Abzahlungsgeschäft oder ein Zeitschriften-Abonnement übergeht. Diese Praxis schadet der Marktforschung so sehr, daß einige Institute mit staatlicher Hilfe, durch die Gerichte, dieser Irreführung und diesem Mißbrauch entgegenwirken.
Im 18. Jh. versuchen professionell arbeitende Einbrecherbanden in Paris zunächst einmal, sich mit einigen weniger honorigen Waffelhändlern zu verbinden, um deren Kenntnisse über die häuslichen Verhältnisse ihrer Kunden zu nutzen, damit sie selbst gezielter und risikoloser vorgehen können. Dann aber verschaffen sich Räuber und Diebe selbst auf unverdächtige Weise Zugang zu den Wohnungen: als getarnte Oblatenverkäufer. Sie erkunden die räumliche Ausstattung der Bewohner und plündern sie schließlich. Der staatliche Zugriff fällt in der letzten Phase so hart aus, daß die Tätigkeit der Ausrufer in diesem Produktbereich ganz verboten wird.
Als Retter – nicht des Rufs, aber des Geschäfts – erscheinen nun Mädchen, die eine etwas andere, tütenförmige Waffelspezialität anbieten: plaisirs. Dieser Straßenhandel zieht zunächst die jüngeren und hübscheren Mädchen an. Ob sie es selbst sind, die mit ihrer Tätigkeit älter werden? Ob der Beruf für die weibliche Jugend an Anziehungskraft verliert? Man weiß es nicht genau. Im 19. Jh. kommen die Werberufe für diese Waren überwiegend von älteren, nicht mehr schönen, eher vergrämten Frauen, wie sie unser Lithograph in einer noch etwas idealisierten Form zeichnet.

Marchande de plaisirs
Kolorierte Lithographie von Delpech nach Carle Vernet
Paris 1820/22

Zwei Mädchen des 18.Jhs. gehen in ihrer Verkaufswerbung für Krabben von ganz unterschiedlichen Konzeptionen aus. Die eine bevorzugt eine Sachinformation und führt die Ware deutlich sichtbar vor. Die andere lenkt die Aufmerksamkeit auch auf eine ungewöhnliche Variante ihrer Kleidung. Angesichts einer vorwiegend weiblichen Kundschaft lassen sich ihre konzeptionellen Überlegungen nicht leicht ergründen. Dazu bedarf es einer werbepsychologischen Interpretation auf dem Hintergrund der Historie des Verbraucherverhaltens.

Im Jahre 1798 schreibt das in Weimar erscheinende »Journal des Luxus und der Mode« in seiner Märzausgabe:

»... die Damen haben die Sitte, durch wächserne Anlagen ihren Armen Füllung und Rundung zu geben, auf etwas noch Substantielleres angewandt, und sich statt der Busen, wenn die Natur die ihnen versagte, künstliche Stellvertreter von Wachs zugelegt, die so künstlich angepaßt und eingerichtet sind, das Argus selbst mit allen seinen hundert Augen den kleinen, unschuldigen Betrug nicht erspäht haben würde, wenn nicht ein unbescheidener Plauderer, der die neue Erfindung bei den Busenfabrikanten ausgekundschaftet hatte, durch eine öffentliche Bekanntmachung zum Verräter geworden wäre.«

Wenn darin kein Ansatz für eine tiefgründige Werbeidee liegt! Man muß nur die Zielsetzung einer effizienten Krabbenwerbung im Auge behalten. Das Mädchen tritt den unübersehbaren Beweis an, ohne eine derartige Wachshilfe auszukommen. Ihr Kleiderausschnitt signalisiert unmißverständlich die Merkmale, die die Imagequalitäten »Natürlichkeit, Frische, Jugend« stützen. Genau das aber erwartet die Kundin auch von Krabben. Das Mädchen darf nun – nach allen Erkenntnissen der Motivforschung – erwarten, daß ihr Body-Image auf das Produkt-Image überstrahlt. Unterschwellig natürlich.

Shrimps!
Kupferstich in Crayon-Manier von E. Bartolozzi nach William Hogarth
London 1782

Image oblige

Für den Prozeß der Meinungsbildung gilt der Satz: Ereignisse bewirken mehr als Worte. Die Richtigkeit dieser Aussage wird spätestens dann – schmerzhaft – erfahren, wenn ein Mißgeschick eintritt, dem der Versuch folgt, seinen Einfluß auf die Imagebildung mit verbalen Mitteln zu kompensieren. Meist vermag selbst eine Flut von Werbeworten, über lange Zeit vorgetragen, den kurzen Eindruck eines Ereignisses nicht aufzuwiegen.
Stößt hier die Werbung an ihre Grenzen, so eröffnen sich ihr aber zugleich neue Chancen. Sie muß ganz einfach auf passende Ereignisse zurückgreifen. Fehlen sie, so lassen sie sich ja auch schaffen. Stellen sich an einem Urlaubsort nicht spontan die Abenteuer ein, die sich die Gäste eigentlich wünschen, so läßt man sie durch einen »Animator« produzieren – und dann kann man sie ohne Zögern auch schon vorher in der Werbung versprechen. Und bei einer Parlamentsdebatte kumuliert ebenfalls die Kontroverse oft nicht ganz zufällig in Zeiten der life-Übertragung mit hohen Einschaltzahlen.
Nicht alles, was passiert, passiert deshalb und in dieser Form, weil es eben ganz spontan und in dieser Form im Leben so vorkommt. Mancherlei geschieht nur, weil es in dieser Form inszeniert wird, als Ereignis, das mehr bewirken soll, als es Worte allein können.
Billingsgate, seit Jahrhunderten der berühmte Fischmarkt von London, hat seinen Ruf zu wahren. Hier gibt es, wie auf vielen Märkten, zwei ganz unterschiedliche Besuchersegmente. Neben den normalen Kunden stehen Sehleute. Sie lieben die Atmosphäre, das bunte Treiben, die Urwüchsigkeit des Lebens, die Farbigkeit einer Welt, die anders ist als ihre eigene. Sie kommen, weil sie diese Umgebung erleben wollen. Aber sie gehen oft nicht ohne einen Impulskauf. Deshalb ist es durchaus interessant, auch sie zu umwerben. Dazu genügt kein verbales Versprechen. Man muß vielmehr dafür sorgen, daß immer wieder genau das eintritt, was für dieses Publikum zum Marktgeschehen gehört. Image oblige.
Ein Fischmarkt ohne Fischweiber, die sich so geben, wie man sich Fischweiber vorstellt: Das vermag keinen Neugierigen zu locken. Und da schließlich Verkäuferinnen von Fisch nicht unbedingt in jedem publikumsträchtigen Augenblick dazu aufgelegt sind, ihrem Ruf gerecht zu werden, kommt hier der Werbung eine besondere Aufgabe zu. Mathematiker mögen ausrechnen, wie groß die Wahrscheinlichkeit ist, daß der Besuch eines vornehmen Sehpublikums mit einer Prügelei von Fischweibern zeitlich zusammenfällt. Werbeplanern kann man wohl kaum zutrauen, mit solchen Zufällen zu leben.
In unserem Bild: Echte Handgreiflichkeiten von Konkurrentinnen oder Werbeveranstaltung? Wer weiß, wer weiß? Die allzu perfekte oben-ohne-Schau verstärkt eher die Zweifel an der Spontaneität.

Der Markt von Billingsgate
Kolorierte Radierung von Henry Alken
London um 1825

Der Werber bei Hofe

Seit wann sind die Werber gesellschaftsfähig? – Spätestens doch sicher von dem Augenblick an, da sie bei Hofe und dort sogar an der königlichen Speisetafel zugelassen sind. Dieser Zeitpunkt läßt sich sehr genau bestimmen, ebenso der Ort, an dem das geschieht. Wir nennen hier den Hof des Königs von Polen, der neben und mit den Werbern tafelt, und zwar in Dresden, zuerst um 1755.
Was verbindet nun unseren Kirschenverkäufer aus Paris mit den Werbern am Tisch des Polenkönigs in Dresden? – Gibt es eine Beziehung, dann begegnen wir einem frühen Beispiel für die Internationalität der Werbung.
August der Starke, Kurfürst von Sachsen und Wahlkönig von Polen, gründet 1710 die Meißener Manufaktur, die das erste europäische Hartporzellan herstellt. Der später hinzu engagierte Bildhauer J.J. Kändler widmet sich den figürlichen Gestaltungsmöglichkeiten, die das neue Material bietet. Neben dem Tafelgeschirr entwickelt sich die Kleinplastik aus Porzellan, natürlich im Geschmack der Zeit. Und der ist durch das Rokoko bestimmt. Da gibt es eine Schäferdichtung. Da inkliniert die feinere Gesellschaft zu einem Hirtenidyll. Da sucht man das Verspielt-Natürliche und nähert sich ihm durch Verkleidungen. Man entflieht der Tagesrealität und ahmt das nach, was man sich als eine unschuldige und unverbildete Welt des schlichten Volkslebens vorstellt. Und dabei ist es nun ganz unausweichlich, gerade auch auf die Werbung zu stoßen.

Zu dem zartdekorierten Eßservice kommt der Tischschmuck aus Porzellan in Mode. Als zierliche Tischgenossen präsentieren sich nun allegorische Gestalten und Gruppen, aber auch – beziehungsvoll zum Essen und Trinken – idealisierte Figuren, die Obst, Gemüse, Kräuter oder Fisch anbieten. Das alles gibt auch etwas für die farbliche Fassung her, genau wie die Kleidung des Rokoko.

Aber woher nimmt man die Anregungen für diese Figuren? – Da trifft man auf die Kupferstiche der Pariser »Crieurs«, der Kaufrufe jener Zeit. Da man sich in Dresden sowohl bei den Bauten als auch im Lebensstil an Versailles orientiert, ist jene berühmte Sammlung Pariser Kaufrufe bekannt, aus der unser Kirschenverkäufer stammt und die zum Vorbild dieser Art von Kleinplastik aus Porzellan wird, in denen alle möglichen Anbieter des Eß- und Trinkbaren in der Pose der werblichen Darbietung vorkommen. So finden die Werber zuerst in Dresden ihren Platz in höfischen Kreisen, den sie mit dem Aufkommen anderer Manufakturen, die sich dieses Themas ebenfalls annehmen, in den folgenden Jahrzehnten an vielen anderen fürstlichen Tafeln und sogar beim Kaiser in Wien einnehmen.
Zugegeben, diese Art des Zutritts zu den ersten Kreisen ist ungewöhnlich. Aber Werber sind eben immer phantasievoll.

Crieur de cerise
Kupferstich von Jean Baptiste Bonnart
Paris ca. 1676

Unthematische Information – nach Noten

Aristoteles behauptet, die Musik sei nicht nur zu einem einzigen Zweck nützlich, sie diene vielmehr der Bildung, der seelischen Reinigung, der Erbauung und der Erholung. 350 Jahre v. Chr. fehlt im Katalog der Möglichkeiten noch ihr Einsatz für die Werbung. Versuchte man nämlich die meisten Werbemusiken in eine der bereits vom Philosophen genannten Kategorien unterzubringen, so wäre das einigermaßen bedenklich. Allenfalls der Erbauung könnte man sie zuordnen. Aber das gut eingeführte Wort »Jingle« entmutigt, wenn man es mit Wortgeklimper und -geklingel übersetzt findet.
Die Straßenverkäufer waren sich immer einig, wie recht E.T.A. Hoffmann mit seinem Ausspruch hat: Wo die Sprache aufhört, fängt die Musik an. Sicher läßt sich eine sachliche Mitteilung in ihrer Wirkung steigern, wenn sie sympathisch verpackt dargeboten wird. Eine Möglichkeit dazu bietet ihre musikalische Verarbeitung. Darüber hinaus vermag die Musik es noch, Aussagen über den Charakter einer Ware zu vermitteln, die über den Inhalt der Worte hinausgehen: Unthematische Information ist im Spiel.
Schon in frühen Berichten über den ambulanten Straßenhandel finden sich immer wieder Hinweise auf Liedreime und Gesänge, auch darauf, daß sie nicht immer sehr melodiös waren, je nach der Qualifikation der Interpreten eher Geräuschcharakter annahmen, was wohl für unsere Sänger-Verkäuferin beim Vortrag ihres Werbe-Jingle ebenfalls zu vermuten ist.
Die Liedstücke funktionierten häufig als Erkennungssignale, die den einzelnen Anbieter herausheben. Manchmal haben sie ein sentimentales Gepräge, wenn sie in der Grenzzone zwischen Handel und Bettelei Mitleid erwekken sollen. Oft dienen sie mehr als untermalende Hinstimmung, was seine Fortsetzung bei der Musikberieselung in den modernen Supermärkten findet. Der von den Straßen der Industrieländer fast völlig verschwundene Händler-Jingle hat eine neue Blüte in den Sendungen von Werbefunk- und -fernsehen gefunden. Dabei eine wirklich merkfähige Melodie zu finden, ist heute so schwer wie ehedem. Der Straßenverkäufer konnte immerhin noch zu einem auch den Wettbewerber unmittelbar schädigenden Mittel greifen: zur Steigerung der Lautstärke, was ihm dann den Gattungsnamen »Marktschreier« und in England den der »cries« einbrachte. Daß diese Form der Werbung trotzdem auch ihren Einfluß auf die Kultur hat, beweisen Liedsammlungen der Straßenhändler aus dem 16./17. Jh., die mit dem wachsenden Interesse an der Renaissancemusik heute sogar als Schallplatten herauskommen. Georg Friedrich Händel läßt in seinem »Xerxes« (Uraufführung: London 1738) einen Werbesänger durch die Szenen geistern, womit ein berühmter Zeuge dafür auftritt, daß diese akustische Form der Werbung nicht nur als Geräusch, sondern gelegentlich auch als Musik empfunden werden kann.

Singende Verkäuferin
Holzstich
Paris um 1860

Werbung als Poesie – Poesie als Werbung

Werbung in Gedichtform ist selten geworden. Vielleicht hängt das mit der ziemlich geringen Beachtung zusammen, die die Lyrik ganz allgemein heute findet. Das wird sich aber auch einmal ändern. Dann bekommt das Gedicht wieder seine doppelte werbliche Funktion. Die Verseschmiede werden in der Werbung eine neue Chance erhalten. Die freie Dichtung selbst – tatsächlich gelesen – wird wieder ihre prägende Kraft für das Lebensgefühl der Menschen gewinnen.

Ein Blick zurück: Die liedersingende Jugendbewegung entfaltet ihre eigenen Konsum-, vor allem Kleidungsgewohnheiten, ganz gleich, ob sie in der Ausprägung der ersten Jahrzehnte unseres Jahrhunderts auftritt oder in der Hippie-Bewegung. Gegensteuern kann da eine Modewerbung nicht, nur nachziehen, aufgreifen, aktivieren. Die Erinnerung an Goethes Werther mit seiner detaillierten Kleiderbeschreibung und die daran anknüpfende Modewelle genügen, um mögliche Einflüsse der Poesie auf wirtschaftliche Strömungen zu kennzeichnen. In diesem Fall allerdings wird der Impuls noch stärker, weil der Dichter selbst diese Kleidung trägt und so zu dem wird, was die moderne Diffusionstheorie als »Innovator« beschreibt.

Hängen wir das alles etwas niedriger, so sind wir bei dem, was unser Mädchen werbend anbietet: Gesindeliteratur. Was sie im Zeitalter der Aufklärung bringt, ist allerdings nicht ganz ohne Sprengstoff. Die Erzählungen, Balladen und Gedichte enthalten manche sozialkritischen Elemente, allein dadurch, daß sie die menschlichen (und damit auch schwachen) Seiten der Oberschicht schildern. Wo dabei die patriarchalischen Vorstellungen beim Dienstpersonal beeinträchtigt werden, entsteht nicht nur die Gefahr der Aufmüpfigkeit. Vielmehr werden diese Gedanken über das Gesinde an die Kinder herangetragen. Und das löst eine Gegenbewegung aus, die sich sorgend bemüht, die Dienstmädchen mit der »richtigen« Literatur auszustatten. Was Aufklärung für die Domestiken bedeutet, wird nun durch das Bürgertum interpretiert, in seinem Sinn. Wir würden diese geschickte Kommunikationsaktivität zur Durchsetzung eigener Vorstellungen heute der Public Relations-Arbeit zuordnen.

Hier wird unmittelbare Lebenshilfe angeboten, wobei die Titel schon alles verraten: »Sittenbüchlein für das Gesinde« (1773) und »Die arme, brave Marie oder das Bild des vollkommenen Dienstmädchens« (1801). Kammerjungfrauen bringen sentimentale Lyrik, die indirekt und unverdächtig das bewirkt, was man heute als »systemstabilisierend« bezeichnet.

Wir kennen den Inhalt der Liebesliteratur nicht, für die unser Mädchen bei den niederen Ständen Londons wirbt. Aber ganz so harmlos muß das durchaus nicht sein, wie es die treuherzige Verniedlichung in unserem Bild zu glauben nahelegt.

A New Love Song only ha' penny a piece
Punktierstich von A. Cardon nach Francis Wheatly
London 1796

Vom Tabu in der Werbung

Zu allen Zeiten gibt es Themen oder Formen der werblichen Aussage und Darstellung, die man nicht aufgreifen darf, ohne auf heftige, emotional gestützte Ablehnung zu stoßen. Da das nicht der Sinn werblichen Vorgehens sein kann, werden bestimmte Gegenstände umgangen. Ein derartiges »Meidungsgehabe« ist ein deutliches Kriterium für ein Tabu. Für die werblichen Tabus im speziellen gilt das gleiche, was für sie im allgemeinen zutrifft: Sie unterliegen im historischen Ablauf ständigen mehr oder weniger schnellen Wandlungen. Wer würde in einer Bäckerwerbung heute in Deutschland sagen dürfen: »Werfen Sie Ihr altes Brot ruhig in den Mülleimer, bei uns finden sie immer frisches.« Oder in einer Aufklärungsschrift für Eltern: »Wer seine Kinder liebt, der züchtigt sie« (so steht es im Alten Testament und war also damals nicht tabuiert).

Recherchieren wir irgendwo in der Mitte zwischen dem Heute und dem biblischen Zeitalter, so entdecken wir Tabus, die damit zusammenhängen, daß viele Menschen wegen ihres Berufs als »unehrlich« gelten und damit eine starke soziale Ablehnung erfahren. Das erschwert den Umgang mit ihnen und ihre Kommunikation mit anderen. Verständlich ist das alles bei Henkern und Schindern (die allerdings kaum Eigenwerbung brauchen), weniger naheliegend bei Badern, Dirnen, Gauklern, Akrobaten, Spielleuten und Seiltänzern (die dringend darauf angewiesen sind).

Und so bewegt sich unsere Verkäuferin von »singing glasses« am Abgrund der Tabus. Fahrende Frauen sind ohnehin suspekt, Musikanten gehören lange Zeit – zumindest teilweise – zu den verfemten Berufen, Kunststückemacher sind immer »unehrlich«. Die auf den ersten Blick als besonders verkaufsfördernd erscheinende Art der Warenpräsentation hat ihre Risiken wegen des possenreißerischen Charakters. Vielleicht aber ist das gerade der Werbetrick. Manches läßt sich besser verkaufen, wenn es sich mit der Vorstellung des Verruchten verbindet. Tabus als Werbehilfe.

Viele Tabus sind in den letzten Jahrzehnten gefallen, auch bei der werblichen Ansprache. Wer sich hier als erster versucht, als Pionier die Grenzen überschreitet, kann sich – im Falle des Erfolges – als Held auf Kongressen feiern lassen oder wird – im Falle des Fehlschlages – schweigen. Werbliche Siege bejubelt man öffentlich, werbliche Niederlagen (flops heißen sie bei Eingeweihten) verdrängt man. Flops zuzugeben, das ist das größte Tabu der modernen Werbung.

Buy my fine singing Glasses
Radierung von Pierce Tempest nach Marcellus Laroon
London 1711

Sachinformation – Störfleck – Straßenkunst: Der Plakatanschlag

Geschwister des Fortschritts: Plakat und Lithographie

Lithography –

Der Plakatanschlag ist seit Jahrtausenden bekannt. Zu vielen Zwecken, an vielen Stellen, in vielen Varianten. Aber es gibt eine Form, die sich kaum ändert: Plakate sind meist Schriftplakate. Nur dort, wo die Außenwerbung als Unikat auftritt, sind größere Bilder möglich. Kleinformatige bebilderte Flugblätter lassen sich zwar auch als Anschlag nutzen. Aber es ist wenig plakativ, wenn man einen Kupferstich an eine Hauswand klebt.

Die Erfindung der Lithographie erweitert die Möglichkeiten der Werbung gewaltig. Sie erfüllt zwei Voraussetzungen, die sie als Massenkommunikation braucht: Sie ist billig und schnell. Was die Photographie den Malern, Zeichnern und Porträtisten vor allem im Bereich der Gebrauchskunst wegnimmt, gewinnt ihnen gleichzeitig die Lithographie wieder zurück. Beim Holzschnitt und bei der Radierung ist die Herstellung der Druckvorlage mühsam, der Druck selbst zeitraubend und in den Auflagen limitiert. Durch die Zeichnung auf den Stein werden Aktualität und große Verbreitung möglich. Das dient der Zeitungsillustration zuerst und dem Plakat in den nächsten Phasen.

Die Affinität zwischen Lithographie und Plakat wird sichtbar, wenn man beachtet, wie oft in den frühen Lithographien das Motiv des Plakatanschlägers erscheint, manchmal etwas idealisiert, manchmal sehr naturalistisch. In vielen Fällen eine merkwürdige Rollenmischung: das Plakat als Lithographie und dann das Litho als Plakat.

In unserer Abbildung ist das Litho noch schwarz-weiß und dann handkoloriert. Als Schwarz-weiß-Plakat dient es vorwiegend der Bekanntgabe politischer und kultureller Ereignisse. Nach dem Durchbruch der Farblithographie tritt es mit zunehmender Industrialisierung in den Dienst der Wirtschaftswerbung. Viele respektable Künstler sind beteiligt. Schon früh wird das Plakat zu einem Sammelobjekt. So beginnt sein Doppelleben als frecher Farbtupfer im Stadtbild und als Archivstück in den Museumskellern, von wo aus es sich nach einer Metamorphose vom Werbemittel zum Kunstobjekt gelegentlich einem Publikum präsentiert, das sonst so leicht die Nase rümpft, wenn es etwas von »Reklame« hört.

Der Schöpfer einer Litho-Graphie ist im Sinne des Wortes ein Stein-Zeichner, das reizt den englischen Karikaturisten, ihn als solchen vorzuführen, als pavement-painter, als Pflasterstein-Zeichner. Wir sehen sie oben, diese doppelsinnige Verfremdung.

Und welche Technik nutzt der Karikaturist? – Die Lithographie natürlich.

Afficheur
Kolorierte Lithographie von Delpech nach Carle Vernet
Paris 1820/22

Hinstimmung zur Stimmabgabe

»Die Auslegerwerbung, das Anbringen von Werbeanlagen, z.B. von Wirtshausschildern oder Zunftzeichen, im Luftraum über einer öffentlichen Straße – Nasenschilder genannt – gehören nicht zum verfassungsmäßig geschützten Kern des Anliegergebrauchs. Mithin ist der Gesetzgeber befugt, das Anbringen solcher Anlagen von einer Erlaubnis abhängig zu machen.« So berichtet eine Zeitung über Grundsätze, die der deutsche Bundesgerichtshof im Jahre 1978 vertreten hat. Damit pflanzt sich eine jahrhundertealte Auseinandersetzung der Obrigkeit mit dieser Art der Werbung bis in die Gegenwart fort.
Schon Anfang des 15. Jhs. begrenzt eine Verordnung in London die Größe von Wirtshausschildern auf maximal 7 Fuß, weil sie sonst den Reitern behinderlich seien. Andererseits werden zahlreiche Vorschriften erlassen, die es zur Pflicht machen, Aushängeschilder anzubringen, so ein königliches Edikt im Frankreich des 16. Jhs. Geregelt wird sogar die Verwendung bestimmter Embleme und Symbole, offenbar zum Schutz des leseunkundigen Publikums. Verbraucherpolitik würde man das heute nennen.
1718 bricht in der Fleet Street Londons ein Aushängeschild gewaltigen Formats mit der gesamten Frontseite des Hauses ein: einer der seltenen Fälle, bei denen die Werbung nun ganz unmittelbar zu einer physischen Bedrohung der Menschen wird. Und so sind Verbote unvermeidlich. Trotzdem berichtet noch im Jahre 1765 ein Englandreisender von »triumphbogenartigen Stützen«. Damit könnte er solche galgenartigen Gebilde gemeint haben, wie sie William Hogarth darstellt. Man darf sie recht eigentlich als »Werbedenkmäler« bezeichnen.
Wir begegnen hier nun einem Phänomen, von dem sich der Bogen ganz unmittelbar bis in die Gegenwart spannt, und zwar in mehrfacher Weise. Wirtschaft und Politik verbinden sich auf das Glücklichste. Das Wirtshausschild trägt das politische Plakat, dessen Versprechen ebenfalls die Zeiten überdauert: Das Geld soll scheffelweise unter die Leute kommen.
Im Vordergrund des Bildes zeigt sich der Kandidat beim »Canvassing«, das heute wieder eine große Rolle spielt, auch unter diesem Namen. Die Sache selbst hat eine Tradition, die bis in die Antike zurückreicht. In Rom gibt es den »ambitus«, das Herumgehen desjenigen, der sich um ein Amt bewirbt. Der Kandidat besucht Straßen und Häuser, um sich der Unterstützung seiner Mitbürger zu versichern. In einer Wahlfibel des alten Epiklet heißt es, wer Konsul werden wolle, müsse früh aufstehen, viele Hände küssen, vor den Türen fremder Leute herumlaufen, vielen Geschenke schicken und manches tun und sagen, was eines freien Mannes eigentlich nicht würdig sei. – So wird es dann verständlich, daß ein Latein-Lexikon das Wort »ambitus« ziemlich unfreundlich übersetzt: Gunstbuhlerei.

Canvassing for Votes (Ausschnitt)
Kupferstich von G. Grignion nach William Hogarth
London 1757

Der Umworbene wird verfolgt: Mobilwerbung

Die Ursprünge transportabler Werbemittel liegen sicher in den Schrifttafeln, die man bei antiken Triumph- und Festzügen mitführt. In ihnen steckt häufig ein Stück harten Kampfes um die Gunst des Volkes. Ein geradezu klassisches Beispiel liefert Julius Caesar. Während des römischen Bürgerkrieges sind die Menschen in der Hauptstadt zerstritten. Der führende Politiker muß sich intensiv um die öffentliche Meinung kümmern.

Caesar schildert als Kriegsberichterstatter seine Feldzüge im Norden in seinem Sinn. Dabei drückt er sich so verständlich und anschaulich aus, daß die Lateinschüler vieler Jahrhunderte als ihre erste Lektüre Caesars »De bello gallico« vorgelegt bekommen. Die meisten Lehrer machen es ihren Schülern nicht immer klar, daß sie damit nicht nur einer hohen Verpflichtung einer alten Sprache gegenüber nachkommen, sondern den zarten Gemütern bereits in früher Jugend die Beschäftigung mit einer handfesten Propagandaschrift zumuten.

Caesar selbst aber lernt dazu, verzichtet später auf eine so ausführliche Darstellung und geht zur werblichen Kurzformel über. Nach seinem erfolgreichen Feldzug im Osten des Reiches lautet sein Bericht nur noch: veni, vidi, vici (Ich kam, sah, siegte). Dieser Ausspruch soll ihn bei seinem Einzug in Rom im Jahre 47 v. Chr. als Transparent begleitet haben. Damit wird nicht nur ein Bericht geliefert, sondern auch eine klare Aussage gemacht über den Feldherrn selbst und seine Art und Weise, mit Gegnern fertig zu werden. Und so hilft man zugleich der Imagebildung. Ist hier ein Schlagwort geschaffen, das selbst in die Geschichte und in den Zitatenschatz eingeht, so dürfen wir diese Aussage getrost auch in die Liste der ganz großen Werbeslogans aufnehmen, ohne dabei der Intention des Verfassers Zwang antun zu müssen.

Am Beginn der Industrialisierung fehlt es offensichtlich an so guten Textern wie Caesar. So ersetzt man Qualität durch Quantität. Riesige, fahrbare Werbeflächen tauchen in den Weltstädten auf, um Botschaften zu verkünden, die sicher auch an Bedeutung hinter dem zurückbleiben, was Caesar zu sagen hatte. Unser zeichnerischer Berichterstatter registriert weniger den Werbeträger als solchen als das Verkehrshindernis, das den wohlhabenderen Droschkenbenutzer ebenso stört wie den um Pünktlichkeit bemühten Pferdebus und den schlichten Fußgänger, der hier vor der Werbung flüchtet. Bemerkenswert ist eines: Keiner der beteiligten Menschen scheint sich sonderlich für die Werbeaussagen zu interessieren. Bei einem solchen unübersehbaren Werbekoloß wird man sich vermutlich sehr gut erinnern, *daß* man irgendeiner Werbung begegnet ist, weiß aber nicht mehr, um *was* es dabei eigentlich ging. Vielleicht handelt es sich hier um ein Beispiel für solche Werbung, an der nur derjenige mit Sicherheit verdient, der den Werbeträger stellt. Die Werbeerfolgskontrolle wird es zeigen, wenn sie nicht gerade vom Verband der Mobilwerber betrieben wird.

Annonce du *London Advertising office*
Holzstich
Paris um 1850

Werbung am Mann – Keine Erfindung der Profisportler

Was versteht man unter einem Werbeträger? – Zunächst denkt jeder an Zeitungen oder Plakatsäulen. Aber viel anschaulicher wird alles, wenn man sich einen Werbeträger personifiziert vorstellt, jemanden, der im eigentlichen Sinn des Wortes eine Werbung herumträgt. Es geht hier nicht um den Straßenverkäufer, der seine Kleidung mit einer werblichen Aussage ziert. Gemeint ist vielmehr derjenige, der nicht der Absender der werblichen Botschaft ist, also nicht der eigentliche Kommunikator, sondern ein Mediator, der die Nachrichten für einen anderen vermittelt, nicht durch die Sprache, sondern durch Text- und Bildplakate.

Die Vorteile eines solchen »Werbeinfanteristen« liegen auf der Hand: Er verfolgt sein Gegenüber dahin, wo es zu treffen ist. Will er die Kontaktzahlen erhöhen, so braucht er nur das gleiche Plakat auf den Bauch und auf den Rükken zu bringen. Und damit ist der »Sandwichman« geboren. Er gehört für mehr als ein Jahrhundert zum Bild der Städte.

Andererseits aber steht gerade der Sandwichman unter dem Geruch der Ärmlichkeit, der Ausnutzung von Menschen, die es nötig haben, sich auf diese wenig anspruchsvolle Art als Gelegenheitsarbeiter zu verdingen und in dieser Tätigkeit auch noch für jedermann sichtbar zu sein. Es ist ja geradezu seine Aufgabe, sich anderen zu präsentieren und doch zugleich zu erfahren, daß er selbst niemanden zu interessieren hat, sondern nur die von ihm vorgeführte Werbung. Das gilt auch, wenn man diese Werbemarschierer noch in eine Uniform steckt oder sie mit einem Turban ausstattet, damit sie als Ritter oder Scheichs, je nach Produktbezug, noch einmal zusätzliches Interesse wecken können.

Wenn etwas davon stimmt, daß das »Medium« bereits ein Stück »Message« ist, dann paßt das Ambiente des Sandwichman nicht mehr in eine Zeit veränderter sozialer Sensibilität.

Oder doch? – Muß man nur das Odium der Ärmlichkeit nehmen, und schon ist das Herumtragen von Werbung wieder gesellschaftsfähig. Tatsächlich liegen die öffentlich vorgetragenen Bedenken nur noch im wirtschaftlich-finanziellen Bereich: Wenn Sportler an ihrem Trikot Werbung mit sich herumlaufen lassen, so sind die Fernsehanstalten über diese Art der »Werbung am Mann« besorgt, nicht weil sie meinen, das sei eines Sportlers unwürdig, sondern weil sie um Einnahmen aus dem Werbefernsehen fürchten.

Die Antwort auf solche Problemfragen ist wiederum ebenso alt wie einfach. Sie stammt vom römischen Kaiser Vespasian. Als sein Sohn ihn fragt, ob es zu vertreten sei, die nicht zuletzt durch überhöhte Werbeaufwendungen (panem et circenses) des Vorgängers Nero überstrapazierten Staatskassen ausgerechnet durch eine Besteuerung der Bedürfnisanstalten zu sanieren, sagt er lapidar: »Pecunia non olet.«

L'homme affiche sur la place des Victoires
Kolorierte Lithographie von Jean Henry Marlet
Paris um 1830

Die Plakatierung: Ein »wildes« Geschäft

Welches ist der ideale Platz für einen Plakatanschlag? Bekanntlich fallen die Antworten in den verschiedenen Ländern sehr unterschiedlich aus. Extrempositionen finden wir in Italien und in manchen Ländern Südamerikas einerseits und in der Schweiz andererseits. Man könnte einmal eine Völkerpsychologie schreiben, ausschließlich basierend auf den Formen der Außenwerbung: Sag mir, wie Du plakatierst, und ich sag Dir, wer du bist.
Vor der Erfindung des Papiers und der effizienteren Drucktechniken ist es eine Sache der Maler, die werblichen Botschaften in Schrift und in meist trivialen Bildern auf den Häuserwänden anzubringen. Bei den Wirtshausschildern gibt es allerdings beachtliche Beispiele künstlerischer Leistungen. Erklärlich ist das wohl aus dem unmittelbaren Naturaltausch: Der Künstler arbeitet seine Wirtshausschulden gegen die Gestaltung von Aushängeschildern ab. So ist der Anreiz für eine gute Arbeit direkt gegeben. Dieser Verbindung von Wirtschaft und Kunst verdanken einige Museen beachtliche Exponate.
Aus der Sicht der Werbungtreibenden gibt es bevorzugte Plätze für den Anschlag von Affichen. Der Kampf um diese Plätze ist hart. Er verlangt gelegentlich auch handfeste Helfer, von denen unser Bild eine Vorstellung vermittelt. Es ist verständlich, daß diese Art der Plakatierung als »wild« bezeichnet wird. Sie weicht nur langsam den organisierteren Formen, als sich die beim Bau der Boulevards in Paris eingeplanten Anschlagtafeln und die mit der Aufstellung der Litfaßsäulen in Berlin auftretenden Tendenzen durchsetzen.
Eine große Rolle für das Anschlagwesen spielen schon immer zwei Auftraggeber: die Politik und der Zirkus. Beiden verdanken wir es, daß wir auch heute nicht völlig auf den Anblick einer »wilden« Plakatierung verzichten müssen. Politik und Zirkus haben sie nämlich in das 20. Jh. hinübergerettet.
Kritik fanden das Bemalen und Bekleben der Wände schon sehr früh. Das erfahren wir durch einen Doppelvers, der aus Pompeji überliefert ist:

»Mauer,
die Du vielerlei Geschwätz zu ertragen verdammt bist,
Ich bewundere Dich,
daß Du noch nicht zusammengebrochen.«

Richtet sich diese mitleidsvolle Aussage auf die Plakatwand, so sind es bei dem französischen Autor Louis Sébastian Mercier die Pariser Plakatkleber, deren rüdes Verhalten und geringen Verstand er um 1780 beschreibt. Brächte man seine Bemerkung in das Versmaß des Pompejaners, so lautete sie etwa:

»Ankleber,
der Du die Aussagen Deiner Affichen so selten beachtest,
Wundre Dich nicht,
wenn Du im Anschlag einmal Dein eigenes Todesurteil verkündest.«

L'Afficheur
Kolorierte Lithographie von Grandville und Forest
Paris 1833

Die Faszination der Nullen: Lotteriewerbung

Wie kommt man an Geld, ohne dafür arbeiten zu müssen? Zwei Wege zeigen sich: Erbschaft und Lotteriegewinn. Bei jener ist man ganz auf den Zufall angewiesen, bei diesem auf das Glück, aber auch auf den Einsatz. Ihn zu veranlassen, ist Sache der Werbung. Insofern ist eine Lotterie ohne Werbung völlig undenkbar.
Einmal das große Los ziehen! Das ist der Wunsch vieler Menschen. Man muß nur richtig betonen, um den Schlüssel für die werbliche Motivation zu finden: das *große* Los ziehen. Wen interessiert es schon, nur das Doppelte seines Einsatzes zurückzugewinnen, wenn auch mit hoher Wahrscheinlichkeit? – Millionär zu werden, das ist ein Traum –, auch wenn die Wahrscheinlichkeit minimal bleibt. Und mit Träumen kann die Werbung etwas anfangen. Sie lassen sich hier, allerdings sehr einfach und ganz unprosaisch, verarbeiten. Durch Nullen, viele Nullen. Gewiß muß vorn eine andere Zahl stehen. Kurioserweise aber steht die Vielzahl der Nullen als Metapher für alles das, was man sich einmal leisten möchte.
Diese menschliche Sehnsucht auszunutzen, war zunächst einmal eine Angelegenheit privater Unternehmer. Schon frühzeitig kommt dann etwas auf, bei dem wiederum die Sünde hereinschaut. Eine Rationalisierung der Entscheidung zur Teilnahme an einer Lotterie läßt sich einbringen, wenn man aus der ganzen Sache eine Wohltätigkeitsveranstaltung macht. Geht es heute um das Sorgenkind, so schon im Jahre 1610 in der Stadt Hamburg um eine für das Wohl der Bürgerschaft nicht minder wichtige Aufgabe. Man inszeniert die Lotterie für den Bau eines Gefängnisses. Wahrlich ein Werbethema!
Natürlich erwacht auch hier die Begehrlichkeit des Staates, mit verblüffenden Resultaten. Friedrich II. von Preußen betätigt sich geradezu als Werbetexter, wenn er in seinem Lotteriepatent von 1763 diese Geldquelle positiv von anderen abhebt: »Wir haben die Einrichtung dieser Lotterie vor allen anderen vorzüglicher und Unseren Grundsätzen darum gleichförmiger gefunden, als diejenigen von unseren Unterthanen, die darin einsetzen wollen, nur etwas Geringes von ihrem Ueberflusse wagen, um dadurch ein vieles zu gewinnen.«
Welch heterogenen Interessentenkreis der König anvisiert, zeigt seine Aussage über die Verwendung der Überschüsse: Unterhaltung der Armeen, Aufmunterung der Künste, Fortgang der Manufacturen und schließlich, »um alle Jahre eine gewisse Anzahl von Mägden zu verheyraten«. Wer kann da abseits stehen?
Ein englischer Stecher zeigt 1816 sehr drastisch, welche Untertanen nun tatsächlich von der Lotterie angezogen werden: Es sind die »kleinen» Leute.

Plakatwerbung für eine Lotterie
Farbige Aquatinta von W. H. Pyne
London 1805

Media-Mix 1742

Die Verbindung zwischen Buchtitel und Plakat findet sich im 18. Jh. recht häufig, vor allem in Paris. Ein Grund mag darin liegen, daß Ludwig XIV. durch ein königliches Edikt zeitweilig jeden Plakatanschlag verboten hatte, außer für den Buchhandel. Die daraus folgende langjährige Monogamie zwischen Plakat und Buch erklärt die gegenseitige Affinität. Wie sehr man darin nun ein normales Alltagsereignis, gewissermaßen ein Tagesgeschäft, eine ganz menschliche Angelegenheit sehen soll, führt uns der Zeichner des oben eingeblendeten kleinen Titelblattes mit dem Afficheur vor Augen, nämlich dadurch, wie er die Person am äußeren linken Bildrand agieren läßt. Trotz der geringen Größe sei ihre Verrichtung der Aufmerksamkeit empfohlen.

Aber wenden wir uns dem Hintergrund des Bildes auf der gegenüberliegenden Seite zu.

Ein französischer Verleger erkennt die werbende Kraft der Titelseite und plant von vornherein einen Fortdruck, um ihn als Flugblatt einzusetzen. Das wiederum eignet sich vorzüglich als Plakat für die Außenwerbung. Dieser Gedanke fesselt den Illustrator so sehr, daß er auf dem »frontispice« einen Plakatanschläger darstellt, der eine Affiche aufhängt, die für dieses Buch wirbt, aber zugleich auch seinen Titel enthält. Bis hierhin zweifellos schon eine verwirrende Geschichte. Nur geht sie bei uns noch weiter. Der Titel selbst verrät, daß es sich auch noch um eine Publikation über die Werbung handelt, denn die Ausrufe (cris) der ambulanten Händler sind nichts anderes als ihre Werbung.

Sollte irgendwo einmal nach dem Media-Mix in der 5. Potenz gefragt werden, so braucht niemand das Gedränge der vielen computergestützten Media-Selektionsprogramme unserer Tage ins Feld zu führen. Bereits das 18. Jh. bietet ein überzeugendes und anschauliches Beispiel.

L'Afficheur
Kupferstich von de Caylus und Etienne Fessard nach Edme Bouchardon
Paris 1742

Der Sünder sucht. Die Werbung hilft ihm finden

»Zimmer für ledige Herren und ihre Ehefrauen«
So lautet das Angebot im Schild über der Haustür. Die Skurrilität der werblichen Aussage folgt in England einer langen Tradition. Sie ist in geistreich-witziger Wortakrobatik und in doppelsinnigen Verbalspielen auch heute nirgendwo so häufig zu finden wie in der englischen Werbung. Ob darin ein besonderer Trick liegt, den Umworbenen zu entwaffnen, mögliche innere Vorbehalte gewissermaßen im Schmunzeln zurückzudrängen? Tiefsinnige und tiefenpsychologisch geschulte Analytiker werden es sicher so ähnlich deuten und damit ein neues Feld der werblichen Sünde umgraben.
Die Antwort ist aber vermutlich viel einfacher, wenn man sich klarmacht, welche Vergangenheit gerade in England das verbale Auf-den-Kopf-Stellen bekannter Realitäten und die Verknüpfung von Doppeldeutigkeiten haben. Die Kupferstiche von Hogarth sind voll von solchen An- und Mehrdeutungen. Ein politisches Plakat (s. S. 65) mit einem unsinnigen Wahlversprechen zeigt als Kandidaten den Punch, den Hanswurst. Und wie er einzuschätzen ist, das versteckt der Künstler im Wortspiel mit der Ortsbezeichnung: Candidate for gazzle down (zum Runterwürgen).
Die Antwort unseres Junggesellen gibt einen deutlichen Hinweis auf die gute Einsicht des Erfinders dieses Bildes in werbliche Wirkprozesse, wie sie im allgemeinen erst von der Forschung des 20. Jhs. beschrieben werden. Er läßt ihn nämlich im Anblick des Werbeschildes zu seiner Begleiterin sagen, nach einer solchen Gelegenheit habe man schon lange gesucht. Modern ausgedrückt: Es gibt hier einen vorgeprägten Wunsch, der nicht erst durch die Werbung geweckt wird. Gerade das wird durch den sehnsuchts- und ausdrucksvollen Blick des Paares eindrucksvoll unterstrichen. Das Thema tritt zweifellos nicht erst durch die Begegnung mit der Werbung erstmals in das Gedankenfeld der Rezipienten.
Hier liegen präformierte Erwartungen vor.
Damit bekommt die Werbung ihre Chance. Sie kann die konkrete Anregung zur Realisierung geheimer Wünsche aufzeigen, ob es sich um den Wunsch nach Sauberkeit, Gesundheit, modischer Differenzierung, gutem, schnellem oder billigem Essen und Trinken, Reisen, Lesen und – trauter oder gar sündiger Zweisamkeit handelt.
Werbung braucht das richtige Umfeld! Ein Hafen ist es hier gewiß. Sie muß die richtigen Zielpersonen erreichen! Auch das ist bei unseren beiden gelungen. Sie kann nun in verständlicher Form vortragen, was geboten wird. Und da auch diese Voraussetzung erfüllt ist, dürfte am Werbeerfolg nicht zu zweifeln sein, wenn nicht letzten Endes alles noch am Preis scheitert.
Die Werbung nutzt menschliche Schwächen. Das ist sicher manchmal ihre Schwäche, je nachdem, ob die Schwächen der Umworbenen schändlich oder liebenswürdig sind.

Accomodation
Kolorierte Radierung von Woodward nach Rowlandson
London um 1815

Vom Plakatkrieg zum philologischen Streit vor Gericht

Kämpferische Auseinandersetzungen mit Einsatz von Plakaten erleben wir häufig, vom – möglicherweise legendären – Thesenanschlag Martin Luthers bis zu den Wandzeitungen der chinesischen Kulturrevolution. Eine höchst ungewöhnliche Form, aus der Affichierung einen werblichen Sekundärnutzen zu ziehen, schildert die Geschichte zu dem nebenstehenden Bild, die wir in nuce wiedergeben.
Herr Robert-Macaire kündigt seinem Kompagnon Bertrand die Veröffentlichung eines großen Textplakats an:

Bekanntmachung

Herr Robert-Macaire ist es seinem guten Ruf schuldig, seine Mitbürger vor den Plakaten, Anschlägen und Mitteilungen des Herrn Bertrand zu warnen. Dieser berüchtigte Betrüger verdient keinerlei Vertrauen. Pariser, es wäre ein Unglück, diesen Worten Glauben zu schenken, die reiner Unsinn sind, nichts als Unsinn.

Macaire bittet seinen Freund Bertrand, ihn nach Erscheinen dieses Plakats zu verklagen, wegen Verleumdung. Er selbst werde sich dann vor Gericht folgendermaßen verteidigen: Mit der Aussage »Dieser berüchtigte Betrüger« könne nur er, Macaire, gemeint sein, keinesfalls jedoch Bertrand. Das ergebe sich unmißverständlich aus dem nachfolgenden Satz. Dort habe er nämlich das *Demonstrativ*pronomen verwendet: »Es wäre ein Unglück, *diesen* Worten Glauben zu schenken«, also den dort abgedruckten, die ja von ihm selbst stammten. Auf Bertrand gezielt, hätte er das *Possessiv*pronomen gewählt: »Es wäre ein Unglück, *seinen* Worten Glauben zu schenken.« – Mit dieser Erklärung ändere sich dann schlagartig die grammatikalische und zugleich die Rechtslage. Über einen solchen Prozeß werde die Presse ausführlich berichten, die auch den Firmennamen nennen müsse.
Diese publicityträchtige Idee inspiriert nun Herrn Bertrand zu einer neuen Textvariante für ein Plakat, die man kaum als Reim, aber doch dem Sinn nach aus dem Französischen übertragen kann:

Hoch lebe die Boutique von Bertrand!
Das Geschäft von Macaire, es ist ein primitiver Laden.
Meiden Sie diese betrügerische Bude,
Eine verwerfliche Höhle, in der die Schönheit erstickt.

Bei Gericht werde er dann zeigen, wie das mit einer typographischen Richtigstellung zu lesen sei:

Hoch lebe	Die Boutique von Bertrand!
das Geschäft von Macaire. –	Es ist ein primitiver Laden,
Meiden Sie	diese betrügerische Bude,
eine verwerfliche Höhle:	in der die Schönheit erstickt.

Man sieht, es hat auch früher kuriose Einfälle gegeben, um Publicity zu erlangen.

Robert-Macaire afficheur
Lithographie von Honoré Daumier
Paris 1840

Über die Köpfe hinwegreden und die Ratlosigkeit des Publikums

Die Kommunikation der Obrigkeit mit dem Bürger ist immer ein Problem. Braucht man ihn, will man etwas von ihm (z.B. seine Stimme bei der Wahl), so werden Werbe- und Public Relations-Berater zugezogen. Hier geht es schließlich darum, daß alles, was man zu sagen hat, auch wirklich »ankommt«, so verstanden wird, wie es beabsichtigt ist.

Haben dagegen staatliche Stellen etwas zu verkünden, und niemand ist unmittelbar von der Reaktion des Publikums oder gar von seinem Verständnis abhängig, dann werden die kommunikative Wirkung oder Nichtwirkung oder Fehlwirkung leicht übersehen. Und das nicht erst seit gestern.

Bei der Formulierung von Gesetzen, Durchführungsverordnungen, Verwaltungsvorschriften, Rund- und Bezugserlassen sind natürlich alle möglichen Gesichtspunkte zu beachten. Im Vordergrund steht oft die Frage, ob das, was man in dieser Form regeln will, einer gerichtlichen Überprüfung standhalte und wie die spätere Rechtsprechung aussehen könne. Dabei wird die Aufgabe aus den Augen verloren, daß die Betroffenen selbst eigentlich verstehen müßten, was für sie erlaubt, vorgeschrieben oder verboten wird.

Bei der Kritik der wirtschaftlichen Kommunikation ist man schnell bereit, schwammige, unpräzise Aussagen aufzuspießen. Aber was soll ein Arbeiter konkret damit anfangen, wenn z.B. das für ihn verabschiedete Betriebsverfassungsgesetz (§ 91) sagt:

»Werden die Arbeitnehmer durch Änderung der Arbeitsplätze, des Arbeitsablaufs oder der Arbeitsumgebung, die den gesicherten arbeitswissenschaftlichen Erkenntnissen über die menschengerechte Gestaltung der Arbeit offensichtlich widersprechen, in besonderer Weise belastet, so kann der Betriebsrat angemessene Maßnahmen zur Abwendung, Milderung oder zum Ausgleich der Belastung verlangen.«

»Gesicherte Erkenntnis«, »menschengerechte Gestaltung«, »offensichtlich«, »in besonderer Weise«, »angemessene Maßnahmen«: Welcher Werbetexter brächte es fertig, so viele vage Begriffe in einem Satz unterzubringen? Und gelänge es ihm einmal, wie würde man einen solchen Text charakterisieren?

Unser Zeichner führt sehr drastisch vor, wie hoffnungslos es oft ist, öffentliche Verlautbarungen zu entschlüsseln, wenn etwas »zu hoch aufgehängt« ist, wenn »über die Köpfe hinweg geredet« wird. Er zeigt, wie die Bürger gerade durch ihre überanstrengten Bemühungen um das Verstehen schließlich noch zu komischen Figuren werden.

Das zu verbessern, ist gewiß nicht leicht, weil das Publikum so inhomogen ist. Die Werbung für Konsumgüter nimmt vielleicht allzu viel Rücksicht auf die schlichteren Gemüter und ihren Erwartungshorizont. Das Publikum wird also eher *unter*schätzt. Der Gesetzgeber und viele staatlichen Stellen ignorieren dagegen häufig den Teil der Bevölkerung, der kein Jura-Studium genossen hat. Das Publikum wird deutlich *über*fordert.

Was nun ist eigentlich die größere Sünde?

Öffentliche Verlautbarung
Lithographie von C. Escalante
Spanien 1865

Das Ja wort macht den kauff.

Werbung – Mehr als nur Verkaufsanbahnung

Irreführung in staatlichem Auftrag: Söldneranwerbung

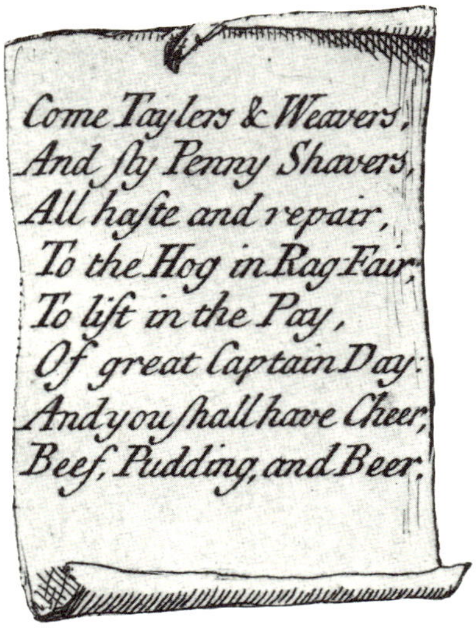

Wie wird man eigentlich Soldat?
Durch Geburt: Als Angehöriger eines Kriegerstammes oder einer Soldatenkaste ist man festgelegt. In Sparta als Spartiat geboren zu sein, macht den Mann zum Soldaten. Bei den Kosaken war es jahrhundertelang ähnlich.
Durch Entscheidungen der Eltern oder des Landesfürsten: Man kommt als Kind in eine Kadettenschule oder Militärakademie. Die Resultate streuen allerdings stark, wie zwei berühmte Beispiele zeigen: Friedrich Schiller und Napoleon Bonaparte, beide in einer solchen Anstalt erzogen.
Durch Zwang: Die Wehrpflicht bringt manchen an die Waffen, der allein wegen des – zeitweilig hohen – Prestiges des Soldatenberufs oder der Vaterlandsliebe kaum dazu gekommen wäre.
Durch eigene Berufswahl: Einer solchen Entscheidung geht immer eine irgendwie geartete Form der Werbung voraus. Ihre Methoden erklären dann oft den Grad der verbleibenden Freiwilligkeit.
Wir treffen auf Landsknechtstruppen, deren Führer selbst in das Werbegeschäft einsteigen, es also als eine Aufgabe des Topmanagements wahrnehmen. Daneben begegnen wir den Spezialisten der Nachwuchswerbung, meist aus dem Stand der Unteroffiziere. Ihr Repertoire beginnt bei so handfesten Methoden der Beeinflussung, daß es keiner wissenschaftlichen Subtilität bedarf, um sie als Manipulation (im engsten Sinne des Wortes) zu klassifizieren. Gemeint ist die physische Überwältigung, erleichtert durch Alkoholzufuhr. Die heute so oft diskutierte Frage der »Werbedosis« tritt hier in einer besonderen Variante auf. Für den Werbefachmann selbst stellt sich die Trinkfestigkeit als unerläßliches Persönlichkeitsmerkmal dar.
Aber auch die subtileren Methoden der Ansprache sind bekannt, was die böse Überzeichnung der beteiligten Figuren durch unseren Karikaturisten kaum vermuten läßt. Aber der raffinierte Text des Informationsblattes macht deutlich, was eine Irreführung ist: Das Versprechen von »Cheer, Beef, Pudding and Beer« erweckt eine ziemlich unpräzise und einseitige Vorstellung von dem, was einen Söldner alles erwartet. Der Künstler kommentiert das auf seine Weise: Er läßt die Werbekolonne von einem Vogelschwarm begleiten. Es sind Raben, Todesvögel. Und da es Gefallene nicht nur beim Gegner gibt, ist damit sehr deutlich auf die Gründe verwiesen, die eine ständige Nachwuchswerbung verlangen. Es gibt aber noch weitere. Zu einer überforcierten Werbung gehört als Spiegelbild der enttäuschte Umworbene. Seine Reaktion heißt hier: Desertion. Eine eigenartige Konsequenz: Je größer die Irreführung, desto sicherer der Arbeitsplatz des Werbers.

Rekrutenwerbung
Kupferstich von William Henry Toms nach Heemskerck
London um 1730

Mit Geld fängt man Soldaten

In den Geschichtsbüchern über die Werbung findet man nur wenige Hinweise auf die Anwerbung von Freiwilligen, Landsknechten oder Rekruten. Dabei ist es in höchstem Maße angebracht, gerade auch für die Frühgeschichte der Wirtschaftswerbung auf diesen Aspekt zu verweisen. Aufstellung und Unterhalt der Freiwilligenheere sind sehr wohl eine wirtschaftliche Aufgabe, auch wenn es gewiß Zeiten gegeben hat, für die das Wort gilt, das Schiller seinen unbekümmerten Haudegen Isolani sagen läßt: »Der Krieg ernährt den Krieg.« Aber der Name »Söldner« spricht doch eine deutliche Sprache.

Martin Luther bemerkt dazu, es könne »der Kriegsmann, weil er von Gott die Befähigung zum Kämpfen erhalten hat, mit diesem seinem Können und Handwerk jedem, der es haben will, dienen und für diese Arbeit Lohn erhalten«. Nun gibt es nicht immer etwas zu kämpfen. Der Kämpfer verdient seinen Lohn aber eigentlich nur, wenn er seine Fähigkeiten einsetzt. Im Dreißigjährigen Krieg ist das für eine ganze Generation kein Problem. Die Nachfrage hält sich konstant auf hohem Niveau. Aber was bleibt nach Friedensschluß?

Hatte der evangelische Luther das Söldnertum nur verständnisvoll akzeptiert, so bietet der katholische Christoph Bernhard Freiherr von Galen gleich praktische Hilfe. Zwei Jahre nach dem Westfälischen Frieden wird er Bischof von Münster. Sein Spitzname »Kanonenbernd« deutet bereits an, wie erfolgreich er bemüht ist, durch eigene Aktivitäten als Feldherr den Söldnern ihr ureigenstes Betätigungsfeld zu erhalten. Aber er geht noch weiter. Der Bischof entwickelt sich zu einem der ersten Vermieter von Truppen und leistet damit einen Beitrag, einer bestimmten Form der Werbung, nämlich der Akquisition von Soldaten, eine lange, glückliche Zukunft zu eröffnen.

Der Soldatenhandel gewinnt dann im 18. Jh. wahrhaft globale Dimensionen. Für die amerikanischen Befreiungskriege sind zahlreiche europäische Truppen angeheuert, vermietet und verkauft worden.

In den amerikanischen Bürgerkriegen des 19. Jhs. ist man dann auf die eigenen Ressourcen angewiesen. Der Süden gibt bereits frühzeitig die Freiwilligkeit auf und führt eine Art Wehrpflicht ein. Der Norden, ohnehin stärker monetär ausgerichtet, beginnt eine immense Rekrutierungskampagne mit finanziellen Anreizen, nicht nur für die Freiwilligen selbst, sondern auch für Vermittler aller Art. Und so werden – mit sanfter oder nachdrücklicher Kraft – die Interessenten in die Rekrutierungsbüros geleitet, wie unser französischer Holzstecher festhält, sicher noch nicht ahnend, daß seine Landsleute es sind, die das Söldnerheer in das 20. Jh. hinüberretten, und zwar in der Form der Fremdenlegion. Bei ihr tritt dann allerdings ein besonderes Werbeversprechen auf: Man bietet Leuten, die etwas auf dem Kerbholz haben, eine sichere Zuflucht. Auch das hat eine alte Parallele. Im 18. Jh. läßt Max Emanuel von Bayern Kriminelle »ad militiam« verurteilen, zum Militärdienst. Durch diese Maßnahme des Personalmarketing läßt sich das Budget der Rekrutenwerbung senken.

Bureau de recrutement de volontaires fédéraux à New York
Holzgravüre
Paris um 1860

Propaganda: Organisierte Kommunikation

Die werbliche Beeinflussung im nichtkommerziellen Bereich hat ihre größte Tradition in der Durchsetzung politischer und weltanschaulicher Ziele. Ein im Wortsinn globales Konzept, eine weltweit ausgerichtete Organisation hat es bisher überhaupt nur an zwei Plätzen gegeben: im Moskau des 20. Jhs. für den orthodoxen (rechtgläubigen) Kommunismus und im Rom des 17. Jhs. für das katholische Christentum.

Modern ausgedrückt geht es um die Diffusion von Ideen, um das Initiieren von Innovationsprozessen. Im Jahre 1622 wird unter Papst Gregor XV. die Sacra Congregatio De Propaganda Fide gegründet. Sie erhebt einen Zielgruppenanspruch, der schlechthin nicht zu übertreffen ist. Auf den Briefbögen der Propaganda heißt es: Praedicate Evangelium omni creaturae. Angesprochen werden sollen »Alle Geschöpfe«. Im Zeitalter der Entdeckungen geht es also um Weltmission.

Vorbereitet war das alles u. a. durch ein großes literarisches Werk der Kommunikationslehre, das Thomas a Jesu im Jahre 1613 unter dem Titel »De procuranda salute omnium gentium« herausgebracht hatte. Diese Missionstheorie enthält eine Fülle allgemeingültiger Überlegungen, u.a. auch schon eine Erkenntnis, die die moderne Wissenschaft unter dem Stichwort »reconfirmation« behandelt, wobei es um die Einsicht geht, daß jeder, der an etwas glaubt (eine Idee oder einen Markenartikel) immer wieder eine Bestätigung dafür sucht, richtig zu liegen. Und wenn er sie findet, ist er bereit und in der Lage, seine Auffassung auch an andere weiterzugeben, für seine Meinung einzutreten. Bei Thomas a Jesu liest sich das so, daß es darum gehe, »die schwankenden, vom Irrglauben angefeindeten Katholiken zu befestigen«. Er entwirft ein großes Public Relations-Konzept, das auf die Gründung der Propaganda stark einwirkt. Alles, was dann folgt, hat eine beeindruckende Linie, unglaublichen Weitblick. Der erste Beschluß der Propaganda zielt auf eine weltweite Bestandsaufnahme. Es werden die grundsätzlichen Organisations- und Budgetfragen geregelt, Schulungszentren errichtet, Sprachforschung als Grundlage zur Gestaltung von Schriften in den verschiedenen Sprachen geschaffen, eigene Druckereien gegründet. Alles hat den großen Zuschnitt eines überzeugten Vorgehens. Dazu paßt es, daß Papst Gregor in seinem Pontifikat zwei Männer heiligspricht: Ignatius, den Gründer des Jesuitenordens, und Franz Xaver, den erfolgreichen Asienmissionar. Sollten die Kommunikationsmanager einmal einen Standesheiligen suchen, diese beiden stünden sicher zur Wahl.

Alles in allem: In dieser Zeit hat die Kommunikationslehre und -praxis ein großes Format. Ihren Vertretern müßte es ein Greuel sein zu erleben, was davon an der Basis, oft in kleiner Münze weitergegeben wird. Für die Vergröberung der Mittel stehen der drohende Kapuziner in »Wallensteins Lager« ebenso wie unser Feldprediger, der die Botschaft der Liebe nur noch allzu verkürzt kommuniziert.

The Field Preacher
Radierung
London erste Hälfte 19. Jahrhundert

Zielkonflikt bei der Damenwahl

Wie lieblos wird doch heutzutage die Zusammenfassung der Werbung auf den Schlußseiten einer Zeitschrift benannt: »Anzeigenfriedhof«. Verleger früherer Jahrhunderte sind klüger, indem sie dafür die Bezeichnung »Intelligenz-Blatt« übernehmen. In der Ausgabe 2 einer solchen Publikation von 1794 ist zu lesen:

HEYRATHS-ANZEIGE

Ich bin bürgerlichen Standes, mit den Wissenschaften bekannt, habe jetzt ein jährliches Einkommen von sechshundert Reichsthalern, und nach zwey Jahren erhalte ich, vermöge eines Contracts, ein Capital von fünftausend vierhundert und funfzig Reichsthaler. Ein kleineres jetzt in Händen habendes Capital will ich nicht einmal anführen. Für eine dauerhafte Gesundheit und einen wohlgebildeten Körper danke ich meinem Schöpfer. Mehr brauche ich hier nicht zu sagen; denn die Schöne, die mir ihre Hand zu reichen gedenkt, muß ja durch vorläufigen Umgang und durch genaue Erkundigung nach meinen Umständen mich kennen lernen.
Wer nun bey Lesung dieser kunstlosen und getreuen Darstellung meiner Umstände glaubt, mit dem Mann könnte wohl meine Tochter, Mündel, Verwandtin oder Freundin glücklich leben, wer so denkt, sage ich, den bitte ich recht sehr, mir je eher je lieber seine Gedanken zu eröffnen. Aeltern und Vormünder, die ihren Töchtern und Mündeln eine glückliche Ehe wünschen, fordere ich vorzüglich hiezu auf.
Bey meiner Wahl kommen Tugend, Gesundheit, gute Bildung und Talente, als Hauptsache in Erwägung. Capital und Vermögen werden nur als Nebensache angesehen, so daß ein Mädchen von Vermögen vor einem andern, das kein Vermögen besitzt, nur bey gleichen Umständen den Vorzug haben wird. Diese Verfahrungsart ist mir, als künftiger Gatte und Vater, heilige Pflicht . . .

Vielleicht hat der Gentleman unseres Bildes eine ähnliche Annonce aufgegeben und nun die diskrete Vermittlung durch Eltern, Vormünder und Freundinnen erwartet. Statt dessen zwingt ihn der ungestüme Andrang der Kandidatinnen in eine peinliche Entscheidungssituation. Und da erweist sich – was auch bei professionellen Werbern vorkommen soll – die mangelnde Operationalität seiner Zielsetzung als schweres Hindernis. Die Lösung des Zielkonflikts zwischen »Tugend«, »Gesundheit«, »Bildung« und »Talent« unter Beachtung der (scheinbaren) Nebenbedingung »Vermögen« ist nur möglich, wenn unser Kavalier vorher festgelegt hätte, welcher Grad an Tugend durch welches Maß an Gesundheit oder Bildung kompensierbar sein solle. Dieses Versäumnis erklärt seinen ratlosen Gesichtsausdruck.

The Advertising for a Wife
Kolorierte Aquatinta von Rowlandson
London 1812

Sympathiewerbung durch »zupackende« Pressepolitik

Die Pressefreiheit gehört zu den Bürgerrechten, um die es der französischen Revolution geht. So entstehen nach 1789 in Paris nicht weniger als tausend Zeitungen. Jahre später hat Frankreich wieder einen Monarchen, dafür aber auch keine Pressefreiheit mehr. Napoleon reduziert die Zahl der politischen Zeitungen in Paris auf vier. Was sie im Sinne seiner Publicity zu bringen haben, läßt sich dann leichter regeln. Bezeichnend für Napoleons Einstellung ist seine Bemerkung:

> »Wir sind dazu da, die öffentliche Meinung
> zu steuern, nicht, sie zu diskutieren.«

Aus einer Anordnung an Fouché vom Jahre 1809 ergibt sich, welchen Umgang mit den Vertretern der veröffentlichten Meinung er für angebracht hält:

> »Ich schicke Ihnen eine Ausgabe der ›Gazette de France‹. Geben Sie den Befehl, den Journalisten einzusperren, weil er in seinem Journal verschiedene Beiträge aus Berlin veröffentlicht hat, die beabsichtigen, die Allianz zwischen Frankreich und Russland in Zweifel zu ziehen.«

Napoleon gelingt es weitgehend, seine Informationspolitik in den besetzten Ländern des Kontinents durchzusetzen. Um so schärfer wird er von England aus angegriffen, von wo aus der »Karikaturenkrieg« gegen ihn entbrennt. Nach seinen Niederlagen gibt es dann in Frankreich an den neuen Verhältnissen so viel auszusetzen, daß hier eine Presse entsteht, die sich ganz besonders der Karikatur als Waffe bedient, deren Schärfe trifft. Daumier wird zur herausragenden Figur. Der Einfluß auf die politische Meinungsbildung verstärkt sich so, daß die Gegenbewegung einsetzt und sich des probaten Mittels der Zensur bedient. Politische Propaganda und Zensur gehen nur allzu oft eine böse Allianz ein.

Von Daumier stammt auch jene Karikatur, die einen Herrn zeigt, der – Napoleon als Vorbild im Auge – sich ebenfalls selbst zum Kaiser ernannt hatte. In Haiti war aus dem Negergeneral der Kaiser Faustin I. geworden. Er hatte offenbar die Bedeutung einer regierungsamtlichen Pressepolitik erkannt, in die er – so der Karikaturist – sehr wirkungsvoll eingriff, im wahrsten Sinne des Wortes. Ein unbequemer Journalist wird über einen siedenden Kessel gehalten. Ob man ihn tatsächlich fallen läßt, erfahren wir nicht. Das Gesicht des so Gefährdeten läßt vermuten, daß er das Risiko eines Angriffs auf die Majestät kaum noch einmal eingehen wird, es sei denn aus dem fernen Paris.

Handfeste Public Relation-Arbeit schafft Verständnis, Vertrauen und – vor allem – Zuneigung.

Der Kaiser und der Journalist
Lithographie von Honoré Daumier
Paris 1850

Der Verbraucher als Werber

Viele Leute neigen dazu, die Begriffe Reklame und Schwindel gleichzusetzen, bei Werbung und Übertölpelung zumindest weite Überschneidungen zu vermuten. Dabei wird höchst selten einmal beachtet, daß die meisten Menschen nicht nur – als Verbraucher, Verwender oder Einkäufer – Zielpersonen der Werbung sind, also Umworbene. Die gleichen Menschen wechseln vielmehr immer wieder einmal ihre Rolle und werden selbst zum Werbungstreibenden. Welch wunderliche Figur man dabei abgeben kann, enthüllt unsere Zeichnung.

Da versucht man, gebrauchte Waren aller Art loszuwerden, vom Auto bis zum Kinderwagen. Eine große Bedeutung bekommt neuerdings wieder der uralte Handel mit Gebrauchtkleidern, der durchaus zwei Gesichter hat: die Armut und den Snobismus, mit jeweils sehr verschiedenen werblichen Möglichkeiten. Da probiert man, eine Eigentumswohnung für eine Million Mark zu verkaufen oder selbstgezüchtete Mäuse für einige Pfennige. Da legt man es darauf an, von anderen Geld geliehen zu bekommen oder ein Karnevalskostüm. Da fahndet man nach einem neuen Kegelbruder für eine Dauermitgliedschaft oder nach einem Club von Kegelschwestern für einen Wochenendausflug. Da bietet man sich als sehr erfahrener Generaldirektor und als noch wenig erfahrenes Photomodell mit einigen Massagekenntnissen an. Alte Möbel erscheinen ebenso im Angebot wie junge Hunde.

In vielen Wochenendausgaben der Tageszeitungen nimmt die Werbung derjenigen einen breiten Raum ein, die sich selbst nur als Verbraucher, als Umworbene verstehen. Auch der Plakatanschlag hat dabei eine Bedeutung. Er ist nirgendwo so stark entwickelt wie an den Hochschulen, wo die weißen Tafeln, die aus unerfindlichen Gründen immer »schwarze Bretter« genannt werden, vollgespickt sind mit werblichen Aussagen, Angeboten und Kaufwünschen. Besonders intensiv betrieben wird das bei den Studienrichtungen, in denen die Werbung am heftigsten kritisiert, oft sogar ihr Verbot gefordert wird, nicht in einzelnen ihrer Erscheinungsformen, sondern grundsätzlich ... Liest man die privaten Angebote, dann fühlt man sich in eine Traumsphäre versetzt, wie sie keine Kosmetik- oder Alkoholwerbung bieten kann. Wo bleiben eigentlich die beschädigten oder verrosteten Autos, die lauten Wohnungen, die unechten Antiquitäten, die weniger attraktiven Frauen, die mangelhaft funktionierenden Kameras oder Spieleisenbahnen? In der heilen Welt der Werbung der Umworbenen gibt es sie nicht. Werbliche Untugenden – man findet sie überall. Aber wem schlägt hier schon das Gewissen?

Immerhin: Der Plakatanschläger unseres Bildes scheint nicht ganz frei zu sein von einigen Skrupeln.

Le Placeur
Lithographie von Honoré Daumier
Paris 1842

Das gefährliche Leben des Marktforschers

Auf einer Wahlparty – so etwas gibt es in England schon 1755 – geht es ziemlich turbulent zu. Ein Kandidat ist bereits durch das gute Essen (Austern) entscheidend geschwächt und bedarf der ärztlichen Behandlung. Aber das Werbefest geht weiter. Unsere Aufmerksamkeit gilt einem anderen Teilnehmer, dessen körperliches Wohl ebenfalls gefährdet ist. Wir sehen ihn bereits nach hinten zusammenbrechen, von einem Stein getroffen. Was ist hier geschehen?

Schauen wir uns diesen Herrn nur etwas näher an, so können wir ihn ganz eindeutig als den Markt- und Meinungsforscher identifizieren. Offensichtlich bedient er sich des analytischen Instruments der Marktsegmentation. Er versucht noch im Niedersinken – woran man die Wichtigkeit erkennen mag – eine Studie festzuhalten, in der die dem Kandidaten sicheren und dubiosen Wähler getrennt erfaßt sind. Es handelt sich also um eine Wählertypologie. Die für seine Zeit ganz ungewöhnliche Qualifikation des Mannes steht außer Zweifel. Er beherrscht bereits die Cluster-Analyse, die erst wieder Mitte des 20. Jhs. für die Meinungsforschung entdeckt wird.

Nun kann man bekanntlich – in Wirtschaft und Politik – den Wettbewerber schwächen, indem man ihm bestimmte Grundlagen für seine konzeptionelle Arbeit wegzieht. Ein Weg besteht darin, ihn von Informationen fernzuhalten, also etwa die Meinungsforschung zu blockieren. Das schafft man heute, indem man leistungsfähige Institute mit Aufträgen an sich bindet und damit für den Gegner sperrt. Solch subtiles Vorgehen erübrigt sich 1755. Da gibt es andere, schnelle und sichere Lösungen: Der Forscher wird durch einen gezielten Steinwurf physisch ausgeschaltet.

Wir erkennen nicht, ob der Wissenschaftler seine Studie in einer Sprache verfaßt hat, die außer ihm selbst noch jemand versteht. Möglicherweise also sinkt das gesamte Forschungswerk mit ihm ins Grab. Was wir aber erkennen können, das ist die hohe Achtung, die damals der politische Gegner vor der Meinungsforschung hat. Ihrem Vertreter mißt man eine eminent hohe Bedeutung für den Wahlausgang zu, weshalb man gerade ihn angreift. Der Kandidat selbst bleibt dagegen weitgehend unbeachtet. Man kann ganz beruhigt sein: Er wird von den eigenen Leuten ruiniert.

An Election Entertainement (Ausschnitt)
Kupferstich von William Hogarth
London 1755

Professionelle Werbung für Professionelle: Die Kupplerin

Während der Renaissance kursiert in Venedig ein Werbekatalog erstaunlichen Inhalts: Die Kurtisanen sind mit ihren Adressen aufgeführt. Statt der damals noch entbehrlichen Telephonnummern wird eine andere Zahl angegeben, die als Entscheidungshilfe durchaus das Kundeninteresse trifft: der Preis. Trotz dieser auf eine gewisse Liberalität hindeutenden Werbepraxis gibt es in Venedig viele reglementierende Vorschriften für dieses Gewerbe, womit sich das fortsetzt, was schon vom alten Rom bekannt ist. Dort treffen wir auf die Anordnung, zur Unterscheidung von den schwarzhaarigen Römerinnen blonde Perücken zu tragen. Was zunächst als Diskriminierung gedacht ist, entpuppt sich schließlich als wirksame Werbehilfe. Die Erkennbarkeit ist gesichert, die Ansprechbarkeit deutlich signalisiert, die Akquisition staatlich erleichtert.

Man nennt sie »ein leichtes Mädchen«, »eine Liebesdienerin« oder »eine Dirne«, sehr treffend aber auch »eine Professionelle«. Wer als Profi von der Werbung profitiert, wird sie kaum einem Reklameamateur überlassen, obwohl ein Amateur (Liebhaber) hier zu passen scheint, ebenso wie ein Dilettant (auch ein Liebhaber), der allerdings das Odium des Stümperhaften trägt. Nein, die »Professionelle« braucht eine professionell gestaltete Werbung. Und das erledigt sachverständig der (die) Kuppler(in). Wir begegnen hier einem hochspezialisierten Werbemanagement, durch Jahrhunderte bewährt, allerdings auch einem der wenigen Werbeberufe, der im Zeitalter der Massenmedien an Bedeutung verloren hat. Es sei denn, man wäre bereit, einen Faden fortzuspinnen bis zu den modernen »Headhuntern«, die ebenfalls gewerbs- und gewohnheitsmäßig Menschen zusammenbringen, wenn auch nicht zu »unzüchtigem« Tun, sondern zum Management.

Wo die Werbung schwierig wird, entfalten sich Spezialisten. Beste Voraussetzungen dazu bringt diejenige mit, die sich als »Ehemalige« im Metier auskennt. So dürfen wir wohl auch unsere Kupplerin aus dem 19.Jh. einschätzen. Sie könnte allerdings einen Monolog zitieren, den Hans Sachs schon 400 Jahre früher einer Kupplerin in den Mund legt:

> Nun bin ich heßlich, ungeschaffen
> Zu buln mein niemand mehr begehrt.

In vielen Spielen des Schuhmacher-Poeten entschließt sich eine alternde »Professionelle«, ihre einschlägigen Erfahrungen im Dienst an der Jugend einzusetzen. Die »alt verschlagen kuplerin« versteht es, mit raffinierten Methoden so etwas wie »Liebes«-Marketing in Gang zu setzen, unter profitablen Bedingungen Angebot und Nachfrage zu stimulieren, dabei gelegentlich einen Tarnberuf auszuüben (was bei unserer Kupplerin auch zuzutreffen scheint) und schließlich ihre Altersweisheit zu finden:

> Mit kuplerey wil ich mehr gewinnen,
> Denn daheim mit meim wollen-spinnen.

Kupplerin
Kolorierte Lithographie
London um 1830

Neue Medien –
Ausprobiert und karikiert

Kommunikationsartistik

Bei der Nachrichtenübermittlung kommt es seit altersher auf Schnelligkeit an. Der zeitliche Vorsprung bringt einen Wettbewerbsvorteil, ganz gleich, ob es um einen wirtschaftlichen oder politischen Inhalt geht. Der Zeitpunkt des Bekanntwerdens einer Neuigkeit hat deshalb immer seine dramatische Bedeutung, weshalb der Auftritt des Boten bei den alten Klassikern eine ähnlich wichtige Rolle spielt wie in modernen Theaterstücken das Klingeln des Telephons.

Zwischen den Extremen der Geschwindigkeit eines Boten und der eines elektronischen Mediums liegt ein Feld, das gekennzeichnet ist durch akustische Zeichen (Buschtrommeln, Fanfaren) und durch optische Signale (Rauch bei der Papstwahl im Konklave, Lichtzeichen bis hin zur Leuchtreklame). Eine besondere Form wird – zum wievielten Mal, das ist umstritten – Ende des 18.Jhs. erfunden und in verschiedenen Ländern erprobt: der optische Flügeltelegraph. Auf Sichtweite voneinander entfernte Türme spielen sich verschlüsselte Informationen zu, wobei die Tauglichkeit natürlich sehr von der Tageszeit, vom Wetter und von der Qualität der Besatzung abhängt.

Trotzdem: Der Politiker muß sich mit jedem neuen Medium auseinandersetzen und seine Besonderheiten nutzen. Schließlich sind eine effiziente Kommunikation und die Präsenz in allen Medien schon die Hälfte seines Erfolges. Der hier von Daumier dargestellte französische Parlamentarier ist dabei, vom Flügeltelegraphen Anregungen für seine Körpersprache zu übernehmen. Das Ziel dieser autodidaktischen Übung heißt, das Geheimnis der »schweigenden Eloquenz« zu lüften. Der Anblick solch mühevoller Arbeit im »vorparlamentarischen Raum« bleibt uns heute verwehrt: Der Flügeltelegraph verschwand ziemlich schnell und wohl endgültig aus der Medienpalette, seitdem die Elektrizität neue Techniken erschloß.

So gelangen die mit dem Flügeltelegraphen so hoffnungsvoll begonnenen Formen der kommunikationsartistischen Übungen ganz in die Hand der an so vielen Stellen bewährten Managementtrainer, die diesem Lehrgebiet wieder einmal einen ebenso anspruchsvollen wie akquisitionsträchtigen Titel verleihen: Kinesik.

Orateur aux longs bras
Lithographie von Honoré Daumier
Paris 1850/51

Spott als Waffe gegen neue Technologien

Die Gestaltung von Porträts ist eine uralte künstlerische Aufgabe, ganz gleich, ob dabei ein Gemälde, eine Plastik, reproduzierbare Holzschnitte, Kupferstiche oder Lithographien herauskommen. Gerade die zuletzt genannten Techniken bieten wegen ihrer systemimmanenten Wiederholbarkeit der Abdrucke gute Möglichkeiten für eine große Verbreitung. Darin liegen für den Porträtierten immer Chancen und Gefahren. Chancen zu einer positiven Imagepflege. Schließlich braucht sich niemand so porträtieren zu lassen wie er *ist.* Man kann verlangen, das Ergebnis habe so auszusehen, wie man aussehen *möchte.* Gefahren liegen dort, wo der Einfluß auf den gestaltenden Künstler endet. Dann kann er verzerren, auch Schwächen bloßlegen.
Die Erfindung der Lithographie bringt als wichtigen Vorteil die Schnelligkeit, die es erlaubt, aus dem bearbeiteten Material in kurzer Zeit Tausende von Abzügen zu verbreiten. Vor allem aber die Herstellung der Druckvorlage selbst gestattet eine bislang unbekannte Aktualität, durch die nunmehr ein neuer, verstärkter Einfluß, auch werblicher Art, auf das Tagesgeschehen einsetzt. Politisch engagierte Zeitungen steigern ihre Wirkung durch vermehrte Illustrationen, die nun den Charakter echter Bildreportagen annehmen. Das Kommunikationsgeschehen erhält damit eine andere Dimension. Der Einfluß des Bildes auf die Prozesse der Meinungsbildung nimmt zu.
In diese Situation hinein platzt nun die Photographie. Ihr Auftreten bedroht die Existenz vieler Künstler. Es ist ein alter Streit, inwieweit Porträts eine modellgetreue Ähnlichkeit wiedergeben sollen. Aber daß es solche Wünsche gibt und dafür Künstler arbeiten können, ist unstreitig. Und sie spüren, daß eine neue Erfindung ihre Arbeitsplätze vernichten kann. Die Reaktionen auf eine solche Veränderung sind eigentlich immer ziemlich gleich geblieben. Aber charakteristisch für diese Zeit ist es doch, sich auch hier der Karikatur zu bedienen und die Photographie erst einmal lächerlich zu machen.
Das Photo kann in dieser Frühphase kaum etwas anderes leisten, als das abzubilden, was sich der Linse bietet. Wer »gut« photographiert sein will, muß sich eben in Pose setzen. Und da man auch noch lange stillhalten muß, hat das alles schon etwas Komisches. Hier setzt der Spott des Zeichners an, der das photographierende und das photographierte Subjekt gleichermaßen trifft. Das Mittel ist die Lithographie, die ihrerseits in den folgenden Jahrzehnten den Künstlern ganz neue Aufgaben stellt, vor allem in der Plakatwerbung. Gebrauchsgraphik, dieses Wort ist bei so vielen Leuten des heutigen »Design« so wenig beliebt. Zu schämen braucht sich dieser Vergangenheit eigentlich niemand. Die Sünde lauert heute eher bei jenen Künstler-Lithographen, die die Grenzen zwischen Original und Reproduktion verwässern. Die Sünde scheint eben immer wieder das Lager zu wechseln.

Photographes et Photographiés
Holzstich nach Daumier
Paris um 1850

Das Schaufenster: Werbemittel und Passion

Bei den stationären Händlern und Handwerkern in den alten Städten fungieren die Waren selbst mit den Besonderheiten ihrer Präsentation als das wichtigste Werbemittel. Entscheidend ist es, alles von der besten Seite zu zeigen. Das gilt ganz wörtlich. Man lagert die weniger schönen Früchte in der Tiefe des Korbes, poliert die oben liegenden und dreht sie solange, bis sie mit ihrer schönsten Hälfte den Kunden anlachen. Diese alten, einfachen Werbetricks werden auch heute noch ganz unverändert praktiziert, in südlichen Basaren und nördlichen Supermärkten. Dahinter steckt die Erkenntnis, die ein holländisches Sprichwort und seine Illustration (s. S. 119) ausdrücken:

Schoon voortgedaen
is half vercocht

Schön präsentiert
ist halb verkauft

Die den Häusern vorgebauten Krämerbuden verschwinden immer mehr in den Fassaden. Klappt man den Laden (daher der Name für das ganze Geschäft) zurück, so gewinnt man eine Ablagefläche, auf der sich wiederum die Ware selbst vorstellt. Völlig geschlossene Verkaufsräume erhalten zwar eine Verglasung, aber die kleinen, nicht ganz klaren und durch Bleistreifen gehaltenen Scheiben gestatten keine leichte Durchsicht. So entwickelt sich erst im 19. Jh. mit den großen Flachglasscheiben und dem neuen Glanz der künstlichen Beleuchtung das Schaufenster zu einem wirklich selbständigen Werbemittel. Es verlangt nach einer eigenen Gestaltung, die weit mehr leistet und Attraktiveres zustandebringt als nur ein geschicktes Arrangement der Ware, auch wenn diese meist ein Hauptdarsteller bleibt.
Aus den Erfolgen der Dekorateure entfaltet sich eine neue Freizeitbeschäftigung, bei der die Verbraucher völlig von der Werbung eingefangen werden, der Schaufensterbummel: eine Leidenschaft für die Frauen, ein Leiden (Martyrium) für die Männer. Aber auch die Kinder sind fasziniert. Das Glas bringt die Durchsicht in eine Wunschwelt und zugleich die Trennung von ihr. Eine grausame Sache. Erst der Selbstbedienungsladen beseitigt sie und schafft eine ganz neue Verführung. So sagt man. In Wirklichkeit aber hat sich das Rad nur einmal gedreht. Die unmittelbare Begegnung mit der Ware ist nichts als der alte Zustand.
Das Schaufenster selbst geht einen seltsamen Weg. Einerseits verzaubert es ganze Straßenzüge in der reizvollsten Art. Andererseits präsentiert es sich als Ausbund der Häßlichkeit, nämlich dort, wo – wie man den Eindruck haben könnte – gar keine Waren mehr verkauft werden, sondern Preise: Sonderpreise, Tiefstpreise, durchgestrichene Preise, Preissenkungen, Aktionspreise, Sensationspreise, Freundschaftspreise, Sparpreise …
Schaufenstergestaltung und Plakatkunst verdienen hier tatsächlich einen Preis: Goldmedaillen für die größten Sünden bei der Verunzierung von Wohnquartieren.

Wenn ich mir da was aussuchen dürfte
Kolorierte Radierung von Zechmayer
Wiener Theaterzeitung um 1830

... denn bei der Post, geht's nicht so schnell

Dieser Operettenvers hat dem Image der Post mehr geschadet als manche wirkliche Fehlleistung, bietet er doch immer wieder die Möglichkeit, jede auf eine einzelne Verspätung zurückzuführende Unzufriedenheit in einer einfachen generellen Formel zusammenzufassen. Das herzige Mädel, das ihn singt, heißt Christl, was die deutsche Post veranlaßt hat, lange Zeit hindurch ihre auflagenstarke Mitarbeiterzeitung nach ihr zu benennen. Das trug dazu bei, diese Vorstellungen zu erhalten ...

Die Beziehung zwischen Post und Werbung hat eine lange Geschichte. Noch heute sprechen wir von einer werblichen Botschaft. Das geht auf frühe Formen der Kommunikation zurück, bei denen es der Bote ist, der eine Nachricht überbringt: unterwegs zwischen staatlichen Institutionen, Klöstern, Universitäten. Der Kaufmannsbote ist unerläßlich für die Handelsbeziehungen. Er leistet vieles von dem, was heute von der Werbung erwartet wird, nämlich Geschäfte vorzubereiten, Informationen über Kauf- und Verkaufsgelegenheiten zu vermitteln. Deshalb unterhalten die Handelsstädte ihre eigenen Botenverbindungen.

Die Handelsstraßen sind zugleich Nachrichtenwege. Personen-, Güter- und Nachrichtentransporte wickeln sich auf den gleichen Straßen ab. Ist es der Bote nicht mehr selbst, der mündlich etwas mitteilt, dann wird die Information in eine Depesche, einen Brief, ein Schriftstück verpackt, also selbst zur Ware, die befördert werden muß. Die Spezialisten, die sich dieser Aufgabe annehmen, sind die Posten, deren Höchstgeschwindigkeit durch die Leistungskraft der Pferde, aber auch durch die Organisation der Relaisstationen bedingt ist, an denen sie gewechselt werden. Nicht zufällig entwickelt sich das frühe Zeitungswesen an den Posten mit ihrem – durch die Sache bedingten – hohen Informationsstand. Auch das ist wirtschaftlich bedeutsam: Als erster die Nachricht von einem Krieg oder einer Naturkatastrophe zu besitzen, ermöglicht Reaktionen, bevor der Wettbewerber sie treffen kann.

Welche Erwartungen richten sich nun an die Post? Früher und beim modernen »direct mailing« heißt die Forderung: Die Nachricht soll unverändert und vertraulich an die gewünschte Adresse gelangen, und zwar schnell. Daß die Angst vor fehlender Vertraulichkeit nicht so neu ist, deutet unser Bild (s. S. 101) aus der Frühzeit der Telegraphie an. Die Kritik an der Geschwindigkeit der Beförderung richtet sich häufig an denjenigen, der als letzter der Kette sichtbar ist, der aber auch so etwas wie eine Symbolfigur darstellt. Es ist der Nachfahre des alten Boten, der Briefträger. Und wenn man schon nicht mit einem Operettenvers wertet, wie kann es eindeutiger geschehen als durch unsere Zeichnung der kurzbeinigen Gegenfigur des »eilenden Boten« und die Erfindung eines ebenso schönen wie das Arbeitstempo drastisch charakterisierenden Namens: Schneckensprung.

Jäkerle Schnekensprung, Schwäbischer Briefträger
Kupferstich
Mitte 18. Jahrhundert

Der Gag-boy als Vater des Gag-man

Unser Bild aus der venezianischen Umgebung des frühen 18. Jhs. steckt voller Werbung. Das Hausschild mit dem Eichenkranz informiert: Hier finden Sie ein Wirtshaus! Der ausgesteckte Strauch sagt früher wie heute: Hier ist geöffnet! – Ein Savoyarde zeigt sich als der frühe Vertreter einer schon höher entwickelten Form der Audiovision. Er trägt eine Laterna Magica und eine kleine Drehorgel bei sich, spielt diese schon auf der Straße, offenbar, – werblich denkend – um auf die kommende Vorstellung aufmerksam zu machen.
Besonderes Interesse verdienen der kindliche Begleiter und seine Ausrüstung. Aus einem Kasten lugt eine angeleinte Ratte hervor. Eine kleine Peitsche deutet darauf hin, daß der Junge mit dem Tier wohl einige Kunststücke vorführen kann. Aber, was hat das alles mit einer Lichtbildaufführung zu tun? – Mit der Aufführung selbst gewiß nicht, aber mit ihrer Vorbereitung. Junge und Tier sind nichts anderes als ein Werbegag, was durchaus im Sinne seiner heutigen Bedeutung zu verstehen ist.
Die Sache selbst ist älter als das Wort, das in diesem Sinne erst seit etwa 1850 auftaucht. Der moderne Gag und sein Spezialist, der Gag-man, setzen nur das fort, was schon lange in der bildenden Kunst, im Theater und in der Literatur vorkommt. Münchhausen lebt zur Zeit der Entstehung unseres Bildes. Aber der Gag ist eben auch schon lange in der Werbung zu Hause.
Was ist ein Gag? Das Wort heißt ursprünglich Maulsperre, verursacht durch einen Knebel im Mund, der einen baff macht, sprachlos. Dieses Bild des Erstaunten, Verwunderten, Überraschten trifft ziemlich genau unsere Vorstellung von der Wirkung eines Gag. Zustande kommt sie durch einen ungewöhnlichen Einfall, eine unerwartete Wendung, auch durch eine Paradoxie, alles allerdings mit einem komischen, witzigen oder grotesken Einschlag. Es dürfen kein Erschrecken zurückbleiben und keine Unklarheit über die Auflösung, vielmehr verständnisvolles Lächeln und Entspannung. Ob unserem Jungen das gelingt, wenn er die Ratte löst, dann an seiner Leine festhält, sie ein Spielchen treiben läßt und wieder in den Kasten zurückholt? Wir wollen es hoffen. Denn mancher Gag in der Werbung verselbständigt sich. Statt auf die Sache hin, lenkt er von ihr ab. Führt man den Umworbenen allzu weit auf eine falsche Fährte, bekommt man ihn davon nicht mehr zurück. Der simple Gag unseres Kindes kann sicher aufgefangen werden durch Sympathie zur Person, die durch ein Lächeln zu erwerben, hier allerdings schon ziemlich andressiert wirkt.
Der anspruchs- und geistvollere Gag verlangt von der Empfängerseite einigen intellektuellen Rang. Wenn es irgendwo wenig Gags in der Werbung gibt, weiß man nie genau: Fällt den Werbeleuten nichts ein? Oder fehlt das die Bild- und Wortpointen goutierende Publikum?

Savoiardi colla Laterna Magica
Kolorierte Radierung von Giovanni Volpato nach Francesco Magiotto
Venedig 1783

Im 18. Jh. hat sich Savoyen als Heimat des europäischen Lichtspiels fest etabliert. In welchem Land auch immer eine Vorführung mit der Laterna Magica stattfindet, man bezeichnet den Veranstalter als »Savoyarden«, schließlich sogar unabhängig davon, ob er wirklich aus Savoyen stammt. Ein Gattungsbegriff ist entstanden.

Was hier von der Funktion her geleistet wird, ist nicht allzu weit von dem entfernt, was man heute von einer Tonbildschau erwartet, die also hier ihren Vorläufer hat. Um das auch werblich recht wirkungsvolle Wort »Zauberlaterne« zu rechtfertigen, will man nicht allein auf die geheimnisvolle Technik vertrauen. Auf den Inhalt der Darbietung gilt es ebenfalls zu achten! So hält man den Schwerpunkt des Repertoires bei den Geister- und Gruselgeschichten. Damit nimmt der Savoyarde ein Stück dessen vorweg, was eine bestimmte Form des modernen Journalismus anstrebt: durch Horrorerzählungen den Volksglauben oder -aberglauben zu bestärken. Unser Bild demonstriert allerdings, wie sich hier sogleich wieder eine Gelegenheit zur Kindererziehung bietet. Ähnlich wie beim Guckkasten begegnen wir in diesem Medium einem Instrument zur Vermittlung von Verhaltensweisen. Nicht überliefert ist, welchen Stellenwert der Entzug der Teilnahme damals schon als pädagogisches Mittel besaß.

Die Savoyarden betreiben ihr Geschäft oft im Familienverband. Ihre Mobilität trägt zweifellos auch zu ihrer Flexibilität bei. Ähnlich wie bei den modernen Produzenten von Filmen und Tonbildschauen sind sie mit der Frage konfrontiert, wie eine gleichmäßige Beschäftigung zu sichern ist. Das gelingt nicht ohne weiteres, weshalb man sich auf andere Dienstleistungen verlegt, bis hin zur Kleiderreinigung und zum Schuheputzen. Da die Entfaltung ihrer Kreativität nicht durch eine – damals noch weniger verbreitete und den Impetus zum eigenen Nachdenken hemmende – finanzielle Unterstützung von Kurzarbeitern begrenzt ist, fällt ihnen noch mehr ein. Und so kommt es zu einer wohl einmaligen Marketing-Symbiose, über die aus Paris berichtet wird.

Eine Gruppe von Savoyarden verbindet sich mit den Straßenkehrern, die es übernehmen, ihre Tätigkeit genau in dem Augenblick mit besonderer Leidenschaft zu verrichten, in dem gut gekleidete Herrschaften vorbeikommen. Zur Beseitigung der Spritzer auf Kleidern und Schuhen sind die Savoyarden sofort zur Stelle.

Produktion von Nachfrage nennt man das heute. Wird sie so gezielt betrieben, erübrigt sich sogar die Werbung.

La Lanterne Magique
Kupferstich von J. Ouvrier nach J. E. Schénau
um 1760

Ein Medium zur Verbreitung von Wissen und Wünschen: Der Guckkasten

In dem umfassenden kaufmännischen Lehrbuch des Franzosen Savary aus dem 17. Jh. fehlt die Behandlung absatzwirtschaftlicher Fragen, bis auf eine Ausnahme. Wir finden einen kleinen Abschnitt über die Mode. In der deutschsprachigen Edition unter dem Titel »Der vollkommene Kauff- und Handelsmann« von 1676 kann man lesen:

Zum Exempel / wann einer Winters-Wahre zu Ende des Winters kauffen wolte / müssen dieselbe wohlfeiler als am Anfang des Winters / damit sie nicht bis auff einen andern übrig bleiben mögen / gegeben werden. Dann die Mode dürffte vielleicht in Abgang kommen / und er dadurch auff dem Einkauff verliehren. Und diese Resolution zu Außgang der Jahres-Zeit wohlfeiler / als im Anfang zu verkauffen / ist sehr beobachtlich / weiln die überbleibende Wahr ein verstorbener Grund / der nichts hervorbringt / hingegen bringt die verkauffte Wahr zu seiner Zeit Geld / darauff man / wann es Gelegenheit andere Wahren umb billichen Preiß zu kauffentrifft / seine Rechnung machen kan.

Die modische Veränderung ist also für den Kaufmann schon lange ein beachtenswertes Phänomen. Fragt man, woher sie eigentlich komme, so wird heute sofort auf den Einfluß der Werbung und der Massenmedien verwiesen. Beides ist keineswegs identisch. Wer durch die Werbung an der Verbreitung neuer oder der Stabilisierung alter Gewohnheiten (im wirtschaftlichen, kulturellen, politischen oder religiösen Bereich) mitwirkt, weiß, daß die Medien in ihren Informations- und Unterhaltungsteilen eine Aktivierungs-, Beschleunigungs- oder Bremsfunktion für alle Formen des sozialen Wandels erfüllen.

Das ist keine neue Erkenntnis. Nur sehen die Medien früher anders aus. Wo kommt man früher an größere Menschengruppen heran? Und wo lassen sie sich ansprechen? – Da muß man natürlich auch an das Theater denken. Seine Möglichkeiten entdecken in der Gegenreformation vor allem die Jesuiten, die es in ganz Europa in den Dienst der PROPAGANDA FIDEI stellen. Die Wirksamkeit läßt sich aber am eindeutigsten daran erkennen, daß das Theater von sehr einflußreichen Leuten außerordentlich ernst genommen und einer Behandlung unterzogen wird, die man einem harmlosen Medium kaum zuteil werden läßt. Gemeint ist: die Zensur.

Das Barocktheater ist an der Ausbildung einer Architekturform beteiligt, die im Laufe der Zeit als »Guckkastenbühne« bekannt wird und sich damit in der Namensgebung an ein anderes Medium anhängt. Was das Theater für die gebildeteren Bevölkerungskreise darstellt, leisten auf den Jahrmärkten neben den Bänkelsängern die Guckkästen. Unterhaltung steht im Vordergrund. Beabsichtigte Beeinflussung von Lebensgewohnheiten werden wir unseren biederen Jahrmarktmusikern kaum zutrauen. Aber allein durch die Themenwahl, das Verhalten der dargestellten Personen und die Art der Gestaltung werden Vorbilder aufgebaut, Wünsche geweckt. Wie heute im Kino.

The halfpenny Showman
Kolorierte Aquatinta von W. H. Pyne
London 1805

Die weiche Welle wärmt kalte Herzen

In der »Allgemeinen deutschen Realenzyklopädie für die gebildeten Stände, F.A. Brockhaus« von 1848 findet sich folgende Eintragung:
Werbung bezeichnet den Ersatz des Heers durch Rekruten, welche gegen ein gewisses Handgeld freiwillig in den Militärdienst treten. Jede Companie mußte eine Anzahl derselben haben und den Abgang durch Desertation usw. aus eigenen Mitteln decken. Daher kam es, daß oft schlechtes Gesindel eingestellt wurde; auch fanden oft Missbräuche und selbst Gewaltthätigkeiten statt, um junge unerfahrene Personen zu überreden und zu betrügen.
Im Brockhaus von 1903 ist unter dem Stichwort Werben zu lesen, daß es sich um eine Stadt im Kreis Osterburg des preußischen Regierungsbezirks Magdeburg handelt. Bei Werbung wird auf ein anderes Stichwort verwiesen, bei dem es dann heißt:
Werbesystem, Aufbringung der Truppen durch Werbung (Anwerben), d.h. Annahme dienstlustiger Leute gegen Geldvergütung auf eine bestimmte Zeit. Geworbene Truppen treten zu allen Zeiten auf. Seit dem späten Mittelalter tritt das W. namentlich in Mitteleuropa immer mehr in den Vordergrund und erreicht seine größte Ausdehnung um die Zeit des Dreißigjährigen Krieges. (S. Söldner und Landsknecht.) Von den großen Staaten Europas hat nur England das W. beibehalten (s. Großbritannisches Heerwesen).
Die Wirtschaftswerbung scheint also damals zumindest unter dieser Bezeichnung noch nicht zum Sprachgebrauch der gebildeten Stände zu gehören.
Die Eintragung von 1848 ist allerdings in sich schon das Ergebnis einer geschickten Öffentlichkeitsarbeit. Sie umschreibt den Verlust an Soldaten diskret mit dem Wort »Abgang« und seine – neben der Desertion – traurigste Ursache schlicht mit einem die Phantasie nicht allzu sehr aufregendem »usw.«.
Die elitäreren Truppeneinheiten sind immer darauf bedacht, ihr Image auf eine subtile Art zu pflegen. Die Marine hat es im 19. Jh. fertiggebracht, den Matrosenanzug zur Kindermode zu machen und damit dieser Form des Soldatenlebens eine liebenswert-harmlose Note zu geben, die die Vorbehalte der zarter besaiteten Mütter gegen das Soldatenspiel ihrer Kinder schmelzen läßt. Wie lange diese weiche Welle auch landeinwärts wirkt, kann man noch heute bei den Wiener Sängerknaben erkennen, die dieser Art der Uniform treu blieben.
In England bemüht die satirische Zeitschrift Punch schon in den 60er Jahren des vorigen Jahrhunderts ihren an der langen Kasperlenase erkennbaren Titelhelden, steckt ihn in eine Admiralsuniform und läßt ausgerechnet ihn den Nachwuchsmann im Matrosenanzug vorstellen. Daß es in dieser Zeitung, in dieser Form und durch diese Figur geschieht, zeigt unmißverständlich, daß einige Leute die Absicht durchschauen. Mit Goethes Tasso wollen sie sagen: »So fühlt man die Absicht, und man ist verstimmt«. Eine Breitenwirkung satirischer Zeitschriften ist aber auch damals nicht feststellbar.

PUNCH, OR THE LONDON CHARIVARI.—May 14, 1859.

Admiral Punch. Pr—nce Alfred of the Euryalus.

MEN FOR THE FLEET!

Admiral Punch. "THERE, BOYS! THERE'S AN EXAMPLE FOR YOU."

Men for the fleet
Holzstich
London 1859

Werber und Umworbene
Die Stärken des einen –
Die Schwächen des anderen

Figaro hier, Figaro da: Full service in Beratung und Gestaltung

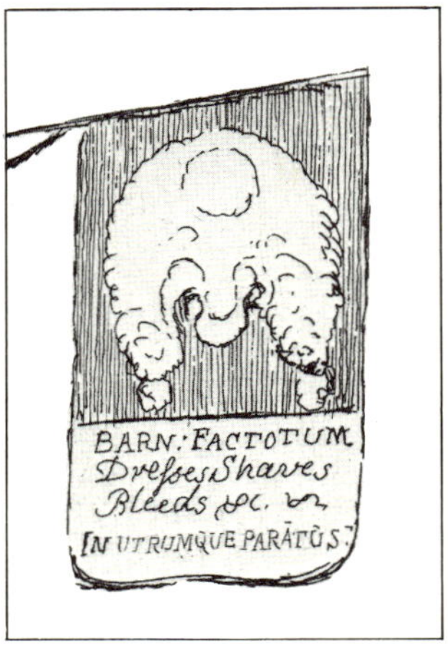

Seit altersher gehört der Barbier zu den Meistern der Diversifikation. Die Verschönerung der Haar- und Barttracht bietet die Voraussetzung zur Angliederung weiterer Dienstleistungen. Daraus entwickelt sich schließlich das, was man eine umfassende Consulting-Praxis nennen darf. Die persönliche Beratung der Klienten erstreckt sich auf viele Lebensfragen privater und geschäftlicher Art. Der Einblick in die Probleme und Problemlösungen vieler Menschen schafft die Möglichkeit, das an einer Stelle Erlebte und Erfahrene an einer anderen als Empfehlung anzubringen: ein Vorrecht der Berater aller Zeiten.
Ein Kommunikations- und Informationszentrum ist der Barbier allemal, Nachrichtenagentur und Medium zugleich, und damit für die Diffusion von Neuigkeiten prädestiniert. Insoweit gehört auch er in die Reihe der Vorgänger der Werbung. Da sich die Barbiere seit längerem aus dem Beratungsgeschäft weitgehend zurückgezogen haben, bot sich für die Werbe- und Public Relations-Berater die Chance, in diese Lücke vorzustoßen. Wer an diesem Erbgang zweifelt, möge einmal die Eigenwerbung moderner Berater mit der Selbstdarstellung berühmter Barbiere vergleichen.
Figaro, Rossinis »Barbier von Sevilla«, bezeichnet sich in seiner bekannten Kavatine schlicht als Faktotum (Alleskönner). Er erfüllt aber auch sonst alle Anforderungen an die Eigenwerbung eines Beraters. Wir finden die Kundenliste: »Grafen, Barone, Mädchen, Matronen«, einen Tätigkeitskatalog und ein bißchen nichtssagendes Wortgeklingel: »La, la, la, lera«. Es folgt der Hinweis auf den übervollen Terminkalender: »Alles auf einmal, ich kann nicht mehr.« Und im Akquisitionsgespräch über einen Beratervertrag schneidet er die Honorarfrage auf eine überzeugende Weise an: »Fällt auf mich der Glanz des Goldes, fühl' ich mich wie umgewandelt. – Ja, das Gold schärft meinen Geist.«
Abul Hassan, der »Barbier von Bagdad« des Peter Cornelius, hat es nicht zu einer so hohen Bekanntheit gebracht wie Figaro, obwohl er eine für die Beraterbranche unübertroffene Formulierung gefunden hat, wenn er seine große Werbearie mit dem Ausruf krönt: »Bin ein athletisches, tief theoretisches, ungemein praktisches, autodidaktisches *Gesamtgenie.*«
Wie sehr der Barbier Vorbild der Werbeberater ist, zeigt sich im Ladenschild des hier abgebildeten Kollegen Barn. Es gilt offenbar in dieser Branche immer als Qualitätsausweis, wenn man sich fremdsprachlicher Fachausdrücke bedient. So lesen wir im Aushang des englischen Barbiers die lateinische Formulierung: In utrumque paratus. Der deutsche Berater würde das in seiner Sprache anders sagen: Full service.

The Village Barber
Radierung von J. Bretherton nach Bunbury
London 1772

Werbung oder Diebstahl – Das ist hier die Frage

So merkwürdig es klingt: Werbung gehört nicht nur zum Wohlstand, sondern auch zur Armut. Wer zuviel hat, muß werben, um etwas loszuwerden, wer wenig hat, um zu etwas zu kommen. Wer gar nichts hat, braucht sie am dringendsten, um das Lebensnotwendige beizuschaffen, ohne zu stehlen. Moral: Will man die Menschen vom Diebstahl abbringen, so muß man sie die Werbung lehren. Definition des Bettlers: Ein Mensch, der nicht stiehlt, weil er etwas von der Werbung versteht.

Gewiß gibt es immer ein Betteln aus Not. Aber wir finden kaum ein Kleid, durch dessen Löcher häufiger die Sünde lauert als durch das des Bettlers. Schon aus dem Jahre 1494 gibt es einen Holzschnitt mit einem Bettler, der eine Narrenschelle trägt. Auch Hieronymus Bosch zeigt in einem Kupferstich einen Reigen von Bettlern, den ein Narr anführt. Unsere Abbildung entstammt einem Buch, das sich nur mit dem fahrenden Volk und mit Bettlern beschäftigt, bei denen die Grenzen zum Betrug fließen. Man muß sich aber auch einmal die schwierige Ausgangsposition klarmachen. Im absatzwirtschaftlichen Bereich regt die Werbung an, für eine bestimmte Ware Geld auszugeben. Der Bettler muß die Menschen dazu bringen, etwas zu zahlen, ohne eine Gegenleistung zu erhalten. Das verlangt eine höhere Kunst oder wirkliche Werbetricks.

Ende des 15. Jhs. erscheint in Basel ein Buch unter dem Titel »Liber vacantorum« in vielen Ausgaben, von denen sich eine sogar eines Vorworts von Martin Luther erfreut. Es enthält einen umfassenden Katalog von Täuschungstricks. Seine Beliebtheit läßt darauf schließen, daß es sowohl als Aufklärungsschrift für Verbraucher wie auch als Lehrbuch der Bettlerwerbung benutzt wird. Für seine Systematik spricht, daß es sogar ein Vokabular der Bettlersprache enthält, gegliedert nach der Art des werblichen Vorgehens.

Man kann nur staunend zur Kenntnis nehmen, welcher Phantasiereichtum sich auf diesem Gebiet entfaltet. Da werden Geschichten erfunden, die ans Gemüt gehen. Eine reuige Frau bittet im Namen der Hl. Magdalena, weil sie sich vom Dirnenleben abgewandt habe. Ein zerlumpter Mann verspricht für den Spender am Ziel seiner Pilgerfahrt zu beten, zu der ihn ein Gelübde zwinge. – Besonders gepflegt werden alle Techniken, die optisch etwas hergeben. Die Simulation körperlicher Gebrechen nimmt hier den ersten Platz ein und behauptet ihn wohl für immer. Sich mit Hilfe ausgestopfter Kleider schwanger zu geben, ist zeitweise so erfolgreich, daß auch Männer diese Methode aufgreifen. Gegenseitige Hilfe erfolgt, indem man die Kinder ausleiht, um mit einer größeren Schar beeindrucken zu können. Im Einzelfall erweist sich ein in Windeln verpackter Hund als genau so werbewirksam – aber unproblematischer zu unterhalten – wie ein Baby. – Bei so viel kreativem Aufwand muß man natürlich bedacht sein, lästige Nachahmer von auswärts fernzuhalten. So kommt es zu kartellartigen Zusammenschlüssen, die in vielen Orten durch eine städtische Bettlerordnung gestützt werden.

Würde man alle diese Aktivitäten nach modernen Gesichtspunkten katalogisieren, müßte man sie wohl dem »Social Marketing« zuordnen. Es entbehrt nicht der Pikanterie, gerade hier den raffiniertesten Formen der Irreführung zu begegnen.

Bettler
Radierung von John Thomas Smith
London 1816

Das Geschäft mit der Neuigkeit

Die Faszination des Wortes Neu hilft der Werbung über manche Klippe hinweg. Eine Novität ist in sich bereits eine Nachricht. Das liegt nicht an der Werbung, wohl aber an der Neu-Gier der Menschen, die wiederum nicht neu ist. So muß selbst das (die) Alte einer Schönheitsoperation unterzogen werden, um (werblich) attraktiv zu bleiben. Da die Werbung ein bißchen auch Geschäft mit der Neuigkeit ist, darf man unseren Neuigkeitskrämer getrost zu den Altvätern der Werbung zählen. Glaubhaft wird das sofort, wenn wir unser Porträt nur etwas genauer ansehen. Für jedermann ist leicht zu erkennen, daß hier ein Vertreter des Hyperthyreoidismus vor uns steht, den der Herr von Basedow wenig rücksichtsvoll als »Glotzaugenkrankheit« beschrieben hat. Lediglich den modernen Therapiemethoden ist es zu verdanken, daß die Werbeberater dem Neuigkeitskrämer heute nicht mehr ähnlich sehen, äußerlich. Bestimmte Formen seines Leidens sind durch seelische Traumata begünstigt: Anspannung, gereizte Stimmungslage, Streß-Gefühle und Aufregung gehören zu den Symptomen, womit sich also insoweit wenig verändert hat, innerlich.

Den Zusammenhang zwischen der Vermittlung von Neuigkeiten und dem Gelderwerb stellt Kaspar Stieler schon 1695 dar:

»Im übrigen ist bekannt, daß der Zeitungs-Verfasser, -verkäufer und -drucker Zweck ist, etwas daran zu gewinnen und ihre Nahrung davon zu haben, welches ihnen auch gern zu gönnen ist, . . . wofern nur dieser Erwerb nicht gar zu gemein würde: Denn wem ekelt es nicht dafür, wenn er eine neue Zeitung lieset, die er vor acht Tagen aus einer anderen albereit gelesen hat?«

Der Detaillist für Neuigkeiten hat zweifellos auch mit Druckgraphik in Form von Bildern gehandelt, zumindest mit illustrierten Schriften. Damit gewinnt er seine Bedeutung für die Durchsetzung von Lebens- und Modestilen und hat auch von daher seine wirtschaftliche Funktion in der Verbreitung von Konsumgewohnheiten und Meinungen.

Auf welche raffinierte Weise das Neuigkeitsgeschäft zu kommerzialisieren ist, beschreibt Johann Frisch in seiner Altonaer Wochenzeitung schon 1676:

Bei den Verhandlungen über die Satisfikationen, also die Wiedergutmachungen und Entschädigungen nach dem 30jährigen Kriege meldet sich in Nürnberg ein Schreiber von Novellen (auch dieses Wort bedeutet ja ursprünglich »Neuigkeit«) beim schwedischen Gesandten mit der Aussage, faktisch habe er den ganzen Krieg hindurch für die schwedische Krone eine Truppe unterhalten, ohne eine Gegenleistung zu empfangen. Als nähere Erklärung fügt er an, in seinen Novellen die schwedische Armee allemal um einige Tausend vergrößert dargestellt zu haben. – Um das Friedenswerk nicht zu stören, seien ihm tatsächlich ein paar Dutzend Taler zugebilligt worden.

Wissend, daß der Berichterstatter selbst Journalist war, muß man sich an den Spruch von Giordano Bruno erinnern:

Se non è vero, è ben trovato.
Wenn es nicht stimmt, so ist es doch gut erfunden.

Nach den Leben gez. u. gest. von C. W. Bock 1793.

DER NEUIGKEITSKRAEMER.

Zu finden in Nürnberg bei C. W. Bock.

Der Neuigkeitskrämer
Kupferstich von C. W. Bock
Nürnberg 1793

Hausfrau: »Das (Kaninchen) stinkt aber schon ziemlich stark.«
Verkäufer: »Jawohl, Madame. Aber das täten Sie auch, wenn man Sie so aufhängen würde.«
Diese rhetorische Meisterleistung läßt sich nicht mehr an den Regeln, Rezepten und Empfehlungen moderner Verkaufstrainer messen. Ihr gebührt eine Orientierung an höheren Maßstäben. Und da können wir gleich alles überspringen, was in den letzten 1900 Jahren geschrieben wurde. Dann landen wir bei einem Autor, der in 12 Bänden die Rhetorik der Antike zusammengefaßt hat: Marcus Fabius Quintilianus (geb. um 30 n. Chr.). Er ist der Lehrmeister der verbalen, persönlichen Kommunikation schlechthin. Auf ihn können sich die Praktiker ebenso besinnen wie die Kommunikationsforscher. Er gilt als der erste Europäer, der so etwas wie einen staatlich finanzierten Lehrstuhl innehatte. Sein Fach, die Rhetorik, wird dann an den mittelalterlichen Universitäten gründlich gelehrt, und zwar in den Artistenfakultäten. Sie heißen so, weil hier die freien Künste (artes liberales) angesiedelt sind. Wenn also heute gefordert wird, der Kommunikationslehre einen gesicherten Platz an den Hochschulen einzuräumen, so geht es um nichts anderes als darum, an eine weitgehend vergessene Tradition wieder anzuknüpfen. Die Abneigung gegen dieses Fach ist stark und hat berühmte Zeugen. Kant bezeichnet die Rhetorik als eine »hinterlistige Kunst« und eine »Kunst, sich der Schwächen der Menschen zu bedienen, gar keiner Achtung würdig«. Tatsächlich ist das Unbehagen weit verbreitet, hier gehe es nur um eine Überredungstechnik, die den Rezipienten in eine unterlegene Position bringe. Damit sei die Parallelität zur Werbung voll gegeben.
Quintilianus hat die Rhetorik definiert als: scientia bene dicendi (Die Wissenschaft, gut zu reden). Das hat er durchaus doppelsinnig gemeint. Es geht ihm um die gute, d.h. wirkungsvolle Form, aber auch um den guten (sittlich vertretbaren) Inhalt. Er sieht also sehr wohl, daß hier die Sünde lauert . . .
Und nun zurück zu unserem Kaninchenverkäufer. Er stellt das formal und verkaufswirksam Gute zurück hinter das inhaltlich Gute. Er ist von der Qualität seines Angebotes so überzeugt, daß er es nicht mehr mit Mitteln der Eloquenz anpreisen möchte. Und wenn man einem zu Unrecht zweifelnden Kunden eine Abfuhr erteilen will: Seiner Antwort fehlt es in der Tat nicht an rhetorischer Brillanz.

The Rabbit Merchand
Kolorierte Radierung
London um 1810

Die Werbeagentur im italienischen Spätbarock

Bereits im 18.Jh. finden wir die wesentlichen Merkmale der Werbeagentur ausgeprägt. Wir begegnen hier einem Dienstleistungsbetrieb der italienischen Kommunikationsbranche.

Der Chef ist sofort als der eigentliche Herr des Geschehens zu identifizieren, allein schon wegen der Würde seiner Haltung. Um jeden Zweifel auszuschalten, hat der Zeichner die Person noch durch den Buchstaben B gekennzeichnet. Sie steht natürlich – da man auch damals unter Werbeleuten die englische Fachterminologie bevorzugte – für nichts anderes als für: Boss. Er entwirft die große Linie der Konzeption. Zwar hat er noch nicht viel zu Papier gebracht. Aber sein Gesichtsausdruck verrät Weitblick. Der Kunde kann Vertrauen haben, zumal die Größe seiner Arbeitstafel auch quantitativ so viel erwarten läßt, daß auf jeden Fall etwas Passendes dabei sein wird.

Die beiden mit dem D markierten Männer sind – wie der Buchstabe andeutet – Dreher. Aber woran drehen sie? Aufschluß gibt ein zu dem Bild gehörender Text, der die Verschlüsselung aufhebt. D steht für manubrii. Auch darin liegt nur eine Tarnung. Aber der sachverständige Agenturkunde erkennt doch den Wortstamm: manus. Und damit kommen wir eben zur eigentlichen Qualifikation. Sagen wir es rundheraus: Es geht um die Manipulation. Auch hier verdient der Gesichtsausdruck der beiden Beachtung. Sie geben sich so ahnungslos, fast unbedarft, daß niemand vermuten kann, welch finsteres Handwerk sie beherrschen.

Der mit C benannte Gegenstand stützt das ganze Konzeptionsplateau. Natürlich bezeichnet C das Instrument des Copy-Tests. Wichtig ist, daß es als präsent vorgestellt wird. Aber als nicht ganz untypisch bleibt zu registrieren: Eine personelle Besetzung existiert nicht.

Eine Uhr verweist auf den Zeitablauf. Sie signalisiert dem prospektiven Kunden, daß er unbesorgt sein kann, nicht auf unabsehbare Zeit mit den gleichen Agenturleuten vorlieb nehmen zu müssen. Das an ihrem Pendel angebrachte F bedeutet nämlich Fluktuation. Die Zusammenarbeit wird also nie langweilig sein.

Die gesamte Agentur ist auf einer Plattform postiert. Die Mitarbeiter stehen damit auf einem hohen Niveau, von dem man auf die Umworbenen herabsehen kann, ohne sich den Blick dadurch zu trüben, daß man mit ihnen in einen allzu engen Kontakt kommt.

Im Mittelpunkt des Geschehens steht ein Mann mit einem Teleskop. Mit diesem wertvollsten Instrument der Firmenausstattung hält er Ausschau. Man könnte versucht sein anzunehmen, hier im Zentrum der Agenturarbeit würden die Märkte beobachtet. Aber es geht um weit Wichtigeres. Der Buchstabe E lehrt es uns. Er steht für Etats. Neue Etats. Barocke Etats.

Il Telegrapho
Kolorierte Radierung
Italien 18. Jahrhundert

Reklame – Ein Reizwort

Der moderne Werber hört das Wort Reklame nicht gern. Es weckt zu viele unerwünschte Assoziationen. Tatsächlich hat es schon immer mit dem Marktschreierischen, Aufdringlichen zu tun, aber auch mit List und Raffinesse. In Frankreich – wo dieses Wort im 19. Jh. aufkommt – weiß man zeitweilig nicht so recht, ob man den Begriff eher der männlichen Welt (le réclame) oder der weiblichen (la réclame) zuordnen soll. Durchgesetzt hat sich dann ziemlich schnell: la réclame. Die Gründe lassen sich wohl kaum rekonstruieren.
Grandville, der große Satiriker fast surrealistischer Prägung, zeigt in seinem Buch »Un autre monde« (1844) eine höchst merkwürdige Liaison. Da ist eine Familie mit der Mutter ANNONCE, dem Fräulein Tochter RECLAME und dem Sohn CANARD. (Der Canard ist ein Vertreter der Boulevardpresse, wie wir ihm auch auf S. 35 begegnen.) Durch eine Prospektwerbung findet ANNONCE einen Mann, der offenbar als besonders gut zu diesem Trio passend gilt. Es ist Dr. PUFF, ein Schwindler, ein Gauner. Er heiratet Mademoiselle RECLAME. Den Brautzug bekommen wir vorgeführt, wobei der Doppelsinn des Wortes Canard (Ente) dem Illustrator entgegenkommt, weil er sehr gern menschliche Tiergestalten zeigt. CANARD verzichtet bei dieser Gelegenheit ebensowenig auf seine Zeitungen wie Schwiegermutter ANNONCE auf die Inserate, die ihr zum Kleid geworden sind. Mit gespielter Unschuldsmiene kommt RECLAME, die Braut, daher.
Bevor sich nun die Werbeleute über die böse Darstellung der Beteiligten zu empören beginnen, muß noch etwas Wichtiges klargestellt werden.
Zur Zeit der Veröffentlichung dieser Satire wird in Paris unter réclame weitgehend nicht das verstanden, was heute als Werbung gilt. Die in den Zeitungen klar erkennbare Werbung ist die Annonce. Wird die Aussage aber im redaktionellen Teil untergebracht und wird – versteckt in einem Artikel – auf ein Produkt hingewiesen, so gilt das als réclame. Die Vermählung von Dr. PUFF und Fräulein RECLAME ist also gerade kein Hinweis auf einen Zusammenhang von Schwindel und Werbung, sondern von Schwindel und Schleichwerbung. Damit prangert der Künstler eine Praxis an, die auch heute zum Sündenregister der Werbung zählt.
Der abgebildete Holzstich von Grandville ist noch aus einem anderen Grund von großem Interesse. Er zeigt im Hintergrund eine der ältesten Darstellungen einer Plakatsäule in Paris. Es gibt allerdings eine noch frühere desselben Künstlers aus einer Löwengeschichte (wobei dieses Tier gleich auch noch seinen Namen für eine Pomade hergeben muß) von 1842; 3 Jahre, bevor die erste Plakatsäule des Herrn Litfaß in Berlin erscheint.

Les Noces du Puff et de la Réclame
Kolorierter Holzstich von Grandville
Paris 1844

Nur ein Dummkopf schreibt für anderes als für Geld
Samuel Johnson (1709–84)

Ob man emphatisch, kritisch, sarkastisch oder respektvoll über das Schreiben schreibt: Immer ist man selbst betroffen – weil man schreibt. Ob man dichtet, schriftstellert oder dilettierend textet: Selten kann man von vornherein wissen, ob ein Geldverdienen daraus wird. Ob man als Lyriker, Dramatiker, Journalist oder Essayist, Roman- oder Komödienschreiber anfängt: Niemals ist man sicher, ob es nicht als Werbetexter weitergeht. Und wer nicht dabei bleibt, besorgt es vielleicht zwischendurch einmal, um einem politischen Freund zu helfen oder einen Gegner zu schmähen. Erledigt er das ohne Honorar, so kann es doch seinem übrigen Werk nützen – oder schaden –, womit indirekt wieder Geld im Spiel ist. Nur liegt das beim Werbetexter alles viel direkter beieinander. Das – schreibend – zu belächeln, ist eigentlich schwer. Leichter hat es da der Zeichner, auch der unseres Bildes, der aber dann selbst schon wieder involviert ist, wenn er seine Bildunter*schrift* selbst erfunden hat.
Ein Spötter (Wilhelm Busch) vermerkt:

> Gedanken sind nicht stets parat,
> Man schreibt auch, wenn man keine hat.

Diese Feststellung bekommt für denjenigen natürlich eine besondere Note, der vom Schreiben lebt, für den professionellen Verfasser von Texten, der nicht selten unter Quantitätszwang steht. Wer Werbetexte zu Papier bringt, wünscht sich natürlich, es möge einmal ein Slogan dabei sein, der zum geflügelten Wort aufsteigt. Aber das Tagesgeschäft liegt bei der Produktion von Trivialliteratur, die oft auch mit der Elle gemessen wird. Man braucht eben Anzeigen, Prospekte, Broschüren und das auch dort, wo neue Gedanken deshalb nicht parat sind, weil das Produkt selbst nichts Neues mehr bietet. Aber der Wettbewerb besteht nun einmal im Nebeneinander gleichartiger Waren. Zu ihnen noch etwas zu schreiben, das verlangt nicht nur Worte, sondern Ideen. Aber auch sie müssen in einer Situation der »Wortfabrikation«, des Handwerklichen entstehen. Was dabei herauskommt, klingt manchmal langweilig, aber für den anderen gerade noch verständlich, manchmal gescheit, aber für den anderen zu hoch, manchmal witzig, aber für den anderen läppisch, manchmal sachlich, aber für den anderen zu trocken, manchmal verführerisch, aber für den anderen leicht durchschaubar.
Ob unser Federheld trotz dieser Schwierigkeiten etwas Brauchbares zusammenbringt? – Gelingt es ihm tatsächlich, hat er dann nicht recht, wenn er sich nicht für einen Dummkopf hält und unsere Überschrift mit seiner Unterschrift versieht?

Feuilletons, romans, drames et autres produits mecaniques.

Textproduktion am laufenden Band
Kolorierte Lithographie für »Revue de l'Année 1845«

Nachahmer – Sklavisches Gezücht
Horaz (65–8 v. Chr.)

Die Nachahmung wird in vielen Formen praktiziert. Sie reicht vom Nachbau fremder Produkte über die Nachempfindung musikalischer Formen bis zum Nachdruck von Büchern. Das Plagiat ist eine Sonderform, bei der es um die Verwertung schriftstellerischer Leistungen anderer geht, ohne auf den ursprünglichen Verfasser hinzuweisen. Wie sehr das Schmähwort »Schriftstehlerei« paßt, deutet sich auch in unserem Bild des Plagiators an.
Nun spielt die Imitation im menschlichen Leben eine vielfältige Rolle. Die Erziehung zielt häufig unmittelbar darauf ab, sie zustandezubringen. Die Mode ist letzten Endes nichts anderes als ein ständiges Spiel von Differenzierung und Nachahmung, die hier direkt forciert und als selbstverständlich akzeptiert wird. Große Vorbilder werden ja gerade deshalb gezeigt, damit man sie nachahmen kann.
Auf der anderen Seite wird schon um 100 v. Chr. der »plagiarius« als Dieb geistiger Leistungen angeprangert. Das setzt sich durch die Jahrhunderte fort. Merkwürdigerweise bedeutet aber Kritik am Plagiator nicht zugleich, daß man dem ursprünglichen Erfinder irgendein Recht an seiner Leistung zubilligt.
Eine völlig neue Dimension bekommt dieses Thema erst nach der Erfindung des Buchdrucks. Das Nachdrucken ist eine Selbstverständlichkeit, weil zunächst ohnehin alte Texte (die Bibel z. B.) hergestellt werden. Wer dann aber selbst schreibt, tut es meist »pro deo« und ist eher darüber erfreut, einen Drucker/Verleger zu finden und so verbreitet zu werden. Für diesen aber stellt sich nun das Problem der Nachdrucke, das man lange Zeit nicht in den Griff bekommt. Die weitverbreiteten fürstlichen Druckprivilegien (»cum privilegio«) erweisen sich als zweischneidig, weil sie die Zensur begünstigen.

Der Autor jedenfalls steht am Rande. Er liefert das Manuskript als Ware. Ein geistiges Eigentum, aus dem Rechte und auch wirtschaftliche Ansprüche entstehen, wird erst im 19. Jh. allgemein anerkannt. Der dann einsetzende Schutz des Urhebers zwingt nun den Plagiator zu subtileren Formen des Vorgehens, wenn er von anderen etwas übernimmt und es für sich nützt. Umstritten bleibt bis in die Gegenwart, auf welchem Qualitätsniveau der schriftstellerischen Arbeit eine Schutzbedürftigkeit einsetzt. Die Werbetexter haben mit ihren Leistungen vor den Augen der Gerichte selten Gnade gefunden. So muß man sich in anderer Form dem Plagiator entgegenstellen, z. B., indem man ihn verächtlich macht. Aber auch diese Waffe hat schon ihre Geschichte.

Plagiaire
Kolorierte Lithographie von E. J. Pigal
Paris 1822/23

Der Marketing-Mann des Jahrhunderts.
Bartholomäus Viatis wird 1538 in Venedig geboren und kommt nach Nürnberg in die Handelslehre. Dort tut ihm sein Prinzipal den Gefallen, frühzeitig zu sterben, was ihm durch eine beherzte Entscheidung den Weg ins Topmanagement öffnet: Er heiratet die Witwe seines Chefs. Nun entwirft und realisiert er für sein Textilgeschäft ein wahrhaft globales Konzept, das durchaus den Ansprüchen des modernen Marketing standhält, Probleme zu erkennen und Problemlösungen zu verkaufen. Mit der Christianisierung tritt nämlich bei den Eingeborenen in Übersee die Notwendigkeit auf, sich stärker zu bekleiden. Dazu braucht man leichte, billige Stoffe. Viatis veranlaßt die Leinenweber in Böhmen zu einer gewaltigen Produktionssteigerung. Er nimmt die Waren zum Färben nach Nürnberg und vertreibt sie auf den Messen in Frankfurt und Leipzig. Wenn das kein Beschaffungsmarketing ist!
Viatis gilt als weitblickender Mann. Er schließt 1609 einen Gesellschaftsvertrag, dessen §12 regelt: Wenn es sich »aus Verhengnus des Allmechtigen begebe, das der Gesellschafter einer oder anderer in Raisen über Land von Handels wegen« entführt und eine Lösegeldforderung gestellt werde, dafür aus dem Gesellschaftsvermögen maximal 500 Gulden zu zahlen seien, »ein hocheres« müsse aus eigenem Geld der Familie aufgebracht werden. (Auch hier: Alles schon einmal dagewesen.) Viatis hinterläßt bei seinem Tode mehr als eine Million Silbergulden. Aber seine Kinder reüssieren in seinem Handelshaus nicht.

Der Playboy.
Die Kontrastfigur des großen Gründers ist der Playboy. Unser Zeichner setzt den Veith Schöberl von der Größe seiner Vorfahren schon äußerlich ab: Er präsentiert ihn als Zwerg. Der verspielt das Vermögen des Handelshauses (das er despektierlich »Cräml« nennt) im Ursinn des Wortes: durch »würffl spill«. Das Wort Playboy bekommt hier eine Doppelbedeutung. Veith fehlt es im Gegensatz zu seinen modernen Pendants an Schönheit. Dafür besitzt er einen hohen Wirklichkeitssinn bei der Beschreibung seiner Lebenslage, wie die Bildunterschrift verrät.

Senkrechtstart und weiche Landung.
Viele große Werbeleute hinterlassen eine Million Silbergulden wie Bartholomäus. Anders als er wissen die meisten von ihnen, daß sie von den Söhnen (und Töchtern) nur im Ausnahmefall eine unmittelbare Nachfolge erwarten dürfen. – Das Wort Playboy ist erst wenige Jahrzehnte im Gebrauch, der Typ altbekannt, wie Veith zeigt. Es gibt ihn als Sündenfall auch unter Werbeleuten, aber gar nicht so häufig, wie es das Klischeedenken mancherorts vermuten läßt.

Würfelspieler aus dem Zwerchenkabinett
Kolorierter Kupferstich von Elias Baeck
Augsburg um 1740

Zwischen Kauf und Verkauf lauert die Rache

Der Verbraucher ist schwach. Der Verbraucher ist dem Anbieter unterlegen. Der Verbraucher ist schutzbedürftig. – Das sind die Ausgangsthesen derjenigen, die den Verbraucherschutz auf ihre Fahnen geschrieben haben.
Die daraus abgeleiteten Ansätze unterscheiden sich stark. Manch einer hält die Verbraucher grundsätzlich für so dumm (wobei man natürlich nie an sich selbst und nur an die anderen denkt), daß man sie gewissermaßen vor sich selbst in Schutz nehmen muß. Übergeordnete Instanzen sollen ihn vor Fehlentscheidungen bewahren. Das gelingt am sichersten, wenn man bestimmte Produkte – oder die Werbung dafür – ganz verbietet.
Andere respektieren ihre Mitmenschen mehr, indem sie ihnen tatsächlich zutrauen zu befinden, wie sie leben möchten. Dann kommt es allerdings darauf an zu verhindern, daß sie irregeführt werden und die für ihre Wünsche unpassenden Produkte kaufen. Hier geht es um mehr Transparenz und Sachinformation.
Eine dritte Gruppe wünscht sich einen aufgeklärten, selbstbewußten Verbraucher. Der hat Durchblick, kennt seine Rechte, bleibt nicht passiv (leidend), sondern wird aktiv, wenn er etwas versprochen bekommt, was das Produkt nicht hält: vor dem Kauf, beim Kauf, nach dem Kauf.
Ganz neu geschaffen werden muß ein solcher Typ nicht, wie unser Bild zeigt. Die aufgebrachte Kundin marschiert wie eine Rachegöttin auf den Verkäufer los und wird daran – interessanterweise – von ihrem Mann gehindert. Warum? So fragt man sich. – Vielleicht ist er in seinem Beruf selbst Anbieter und hat solchermaßen Verständnis für die Position des Angegriffenen. Vielleicht fürchtet er auch, seine Frau könne übers Ziel hinausschießen und ihre Empörung nur spielen, um einen Preisnachlaß herauszuhandeln. Nicht immer entspricht die Dramatisierung einer Reklamation dem Grad ihrer Berechtigung.
Wer also ist hier der Sünder?
Der anbietende Bäcker, der mehr versprochen als gehalten hat?
Ein Werbesünder.
Die Kundin, die ihre Entrüstung überzieht, um daraus den Vorteil eines Schadensersatzanspruchs zu gewinnen?
Eine Versicherungssünderin.
Der Ehemann, der durch seinen Eingriff die Macht des Verbrauchers schwächt?
Ein Sünder an der Marktwirtschaft.
So ist es eben oft bei menschlichen Handlungen: Von außen kann man nur schlecht ablesen, wo das Gute liegt und wo das Böse. Eines allerdings ist sicher: *Den* Verbraucher und *den* Werber gibt es nicht. Allenfalls bestimmte Gruppen mit gemeinsamen Eigenschaften, Tugenden oder Sünden. Jeder darf herausfinden, wohin er gehört und ob er sich irgendwo wiedererkennt. Das gilt übrigens für alles, was in diesem Buch steht.

Bäcker und Kundin
Kolorierte Lithographie von Pigal
Paris um 1825

Quellenverzeichnis

Bauer, Wilhelm, Die öffentliche Meinung in der Weltgeschichte, Wildpark-Potsdam 1930

Beall, Karen F., Kaufrufe und Straßenhändler, Cries and Itinerant Trades, Hamburg 1975

Brinkmann, Margret, Mit Eva fing die Werbung an, Köln 1964

Brückner, Wolfgang, Populäre Druckgraphik Europas: Vom 15. bis zum 20. Jahrhundert, München 1969

Büchli, Hanns, 6000 Jahre Werbung, Berlin 1962

Cronau, Rudolf, Die Reklame in Handel und Wandel, Leipzig 1890

Danckert, Werner, Unehrliche Leute, Bern und München 1963

Engelsing, Rolf, Zur Sozialgeschichte deutscher Mittel- und Unterschichten, Göttingen 1973

Floherty, John, Sieg über den Raum, Wien 1958

Fuchs, E., Illustrierte Sittengeschichte vom Mittelalter bis zur Gegenwart, München 1912

Gallo, Max, Geschichte der Plakate, Herrsching 1975

Gröger, Helmuth, Johann Joachim Kaendler, Dresden 1956

Gugitz, Gustav, Lieder der Straße. Die Bänkelsänger im Josephinischen Wien, Wien 1954

Hampe, Theodor, Die fahrenden Leute in der deutschen Vergangenheit, Leipzig 1902

Holtzendorf, Franz von, Wert und Wesen der öffentlichen Meinung, München 1880

Horstmeyer, Gabriele, Die Kupplerin, Diss. Köln 1972

Hundhausen, Wesen und Formen der Werbung, Wirtschaftswerbung, Essen 1963

Hunold, Günther, Prostitution in Vergangenheit und Gegenwart, München 1970

Kapp, Friedrich, und Goldfriedrich, Johann, Geschichte des deutschen Buchhandels, Band I bis IV, Leipzig 1896–1913

Kaut, Hubert, Kaufrufe in Wien, Wien und München 1970

Knies, Karl, Der Telegraph als Verkehrsmittel, Tübingen 1857

Kraus, Rolf, Die Fotografie in der Karikatur, München 1978

Krieg, Walter, Materialien zu einer Entwicklungslehre der Bücherpreise und des Autorenhonorars vom 15. bis zum 20. Jh., Wien, Bad Bocklet, Zürich 1953

Martens, Wolfgang, Lyrik kommerziell, München 1975

Massin, Händlerrufe aus europäischen Städten, München 1978

Mayhew, Henry, London Labour and the London Poor, New York 1968

Meier-Welcker, H., Handbuch zur deutschen Militärgeschichte 1648–1939, Frankfurt a.M. 1964

Mercier, Louis Sebastian, The waiting city, Paris 1782–88, Being an abridgement of the »Le tableau de Paris«, Translated and edited with preface and notes by Helen Simpson, London 1933

Ohmann, Fritz, Die Anfänge des Postwesens und die Taxis, Leipzig 1909

Osterrieth, Albert, Geschichte des Urheberrechts in England, Leipzig 1895

O. V., Lotto-Toto, Lotterie 1763–1963, Berlin 1963

Paneth, Erwin, Die Geschichte der Reklame vom Altertum bis zur Gegenwart, München und Berlin 1926

Presbey, F., The History and Development of Advertising, New York 1929

Redlich, Fritz, Reklame, Begriff, Geschichte, Technik, Stuttgart 1935

Riedel, K. V., Der Bänkelsang, Hamburg 1964

Riepl, Wolfgang, Das Nachrichtenwesen im Altertum, Leipzig 1913

Sampson, Henry, A History of Advertising from the Earliest Times, London 1875

Schultheiss, Werner, Der Vertrag der Nürnberger Handelsgesellschaft Bartholomäus Viatis und Martin Peller von 1609/15, in: Scripta Mercaturae 1/1968

Seibold, Gerhard, Die Viatis und Peller, Beiträge zur Geschichte ihrer Handelsgesellschaft, Köln, Wien 1977

Seraphim, P. H., Deutsche Wirtschafts- und Sozialgeschichte, Wiesbaden 1962

Smith, John Thomas, The cries of London, London 1839

Sponsel, J. L., Das moderne Plakat, Dresden 1897

Steinitz, Wolfgang, Les cris de Paris und die Kaufrufdarstellungen in der Druckgraphik bis 1800, Salzburg 1971

Sturminger, Alfred, 3000 Jahre politische Propaganda, Wien, München 1960

Westen, Walther von zur, Reklamekunst in zwei Jahrtausenden, Berlin 1925

Widmann, Hans, Geschichte des Buchhandels vom Altertum bis zur Gegenwart, Wiesbaden 1952

Wuttke, Heinrich, Die deutschen Zeitschriften und die Entstehung der öffentlichen Meinung, Leipzig 1875

Zglinicki, Friedrich von, Der Weg des Films. Die Geschichte der Kinematographie und ihrer Vorläufer, Berlin 1956

Abbildungen im Text

Die Unterschriften zu den Abbildungen geben, wo die Originale eigene Titel tragen, diese auch in der Originalsprache wieder.
Reproduktionen, deren Vorlagen, wie bei Buch- und Zeitschriftenillustrationen häufig der Fall, nicht betitelt sind, wurden mit einer deutschen Erklärung versehen.